Meinrad Walter

Johann Sebastian Bach · Weihnachtsoratorium

Meinrad Walter

Johann Sebastian Bach
Weihnachtsoratorium

Bärenreiter
Kassel · Basel · London · New York · Praha

Auch als eBook erhältlich (epdf):
ISBN 978-3-7618-7198-0

Bibliografische Information der Deutschen Nationalbibliothek
Die Deutsche Nationalbibliothek verzeichnet diese Publikation
in der Deutschen Nationalbibliografie; detaillierte bibliografische Daten
sind im Internet über www.dnb.de abrufbar.

6. Auflage 2025
© 2006 Bärenreiter-Verlag Karl Vötterle GmbH & Co. KG
Heinrich-Schütz-Allee 35–37, 34131 Kassel · info@baerenreiter.com
Titelbild: Gerrit van Honthorst (1590–1656),
Anbetung des Jesuskindes (© bpk / Scala)
Einbandgestaltung: +CHRISTOWZIK SCHEUCH DESIGN
Lektorat: Diana Rothaug
Innengestaltung: Dorothea Willerding
Satz: edv + Grafik, Christina Eiling, Kaufungen
Notensatz: Tatjana Waßmann, Winnigstedt
Druck und Bindung: docupoint GmbH, Barleben
ISBN 978-3-7618-1515-1
www.baerenreiter.com

Inhalt

Teil III: »Herrscher des Himmels, erhöre das Lallen«
Gott und Mensch im Dialog der Liebe

Teil IV: »Fallt mit Danken, fallt mit Loben«
Leben und Sterben als weihnachtliche Kunst

Teil V: »Ehre sei dir, Gott, gesungen«
Licht und Finsternis als weihnachtliche Grundsymbolik

Teil VI: »Herr, wenn die stolzen Feinde schnauben«
Gefahr und Geborgenheit im weihnachtlichen Glauben

Vorwort

Viele Bilder und Klänge verbinden uns mit Weihnachten. Diese Werk-einführung will musikalische und spirituelle Motive stärker als bislang verbinden, um so der Eigenart von Bachs geistlicher Vokalmusik besser gerecht zu werden. Im Zentrum steht der Gedanke, dass Bach in jedem Teil des Werkes einer »weihnachtlichen Polarität« nachgeht, die biblisch inspiriert ist und zugleich kompositorisch inspirierend wirkt. Mit im Spiel sind typisch barocke Gegensatzpaare wie »arm und reich«, »Musik der Engel und der Hirten« oder »Licht und Finsternis«. Die Erläuterung folgt dann – nach einem längeren Einleitungskapitel – Schritt für Schritt dem Duktus des Werkes, so dass die sechs »musikalischen Portraits« der einzelnen Teile auch je für sich gelesen werden können.

Jedes Kapitel setzt ein mit einem »Blick in die Werkstatt« anhand der autographen Partitur Bachs. Es folgt der Abdruck des vertonten Textes mitsamt den Angaben zur Besetzung. An dritter Stelle steht jeweils eine Einführung in die Thematik und den Aufbau des betreffenden Teils. Die Einteilung in »Szenen« ist dabei als Gliederungsversuch zu verste-hen, der mit fließenden Übergängen rechnet. Schließlich folgt ein kom-mentierender Durchgang durch die einzelnen Sätze, wobei jeweils neue Schwerpunkte gesetzt werden, damit alle Dimensionen des Werkes in Wort und Ton zur Geltung kommen.

Das Mitlesen der Noten im Klavierauszug oder einer Partitur ist für die Lektüre dieser Einführung nicht unbedingt notwendig, aber durch-aus hilfreich. Die Notenbeispiele folgen der Neuen Bach-Ausgabe (NBA), die Bibel wird zitiert nach der unrevidierten Lutherbibel (1545) in behut-sam modernisierter Rechtschreibung.

Für zahlreiche Hinweise danke ich Hans Michael Beuerle und Mi-chael Fischer. Martin Petzoldt gewährte mir dankenswerterweise Ein-blick in den dritten Band seines theologisch-musikwissenschaftlichen »Bach-Kommentars«. Diana Rothaug hat diese Einführung mit großer Sorgfalt und viel Engagement als Lektorin betreut, wofür ich besonders dankbar bin.

Unter den Begegnungsmöglichkeiten mit Bachs Weihnachtsorato-rium steht das »Musik-Machen« im Singen und Spielen sicherlich an erster Stelle, gefolgt vom Hören auf diese sinnlich-sinnvolle Musik. Schreiben und Lesen können dies aber, so die Hoffnung des Autors, immerhin »begleiten«. Aus dem Wechselspiel zwischen Musik-Machen, Hören und Nachdenken über den unerschöpflichen Reichtum des Weihnachtsoratoriums geht diese Einführung hervor. Wenn sie ihre Leser zu Ähnlichem anregen kann, hat sie ihr Ziel erreicht.

Freiburg, 28. Juli 2006 *Meinrad Walter*

Zur dritten Auflage 2016

Das Buch hat in den letzten zehn Jahren freundliche Aufnahme bei Hörern, Musikern und Wissenschaftlern erfahren. Für die 3. Auflage wurden einige wenige Versehen korrigiert und neuere Titel im Literaturverzeichnis ergänzt.

Freiburg, 8. September 2016 *Meinrad Walter*

Johann Sebastian Bachs Weihnachtsoratorium

Welt – Werk – Wirkung

Weihnachten in J. S. Bachs Musik: sinnlich und sinnvoll

Unter den großen vokal-instrumentalen Werken Johann Sebastian Bachs ist das zur Jahreswende 1734/35 erstmals aufgeführte Weihnachtsoratorium heute das populärste. Wenn die fünf markanten Paukenschläge ertönen, mit denen der erste Teil anhebt, dann wird es Weihnachten! In Wort und Ton fasziniert das sechsteilige Werk unmittelbar, und zugleich bedarf es der Erläuterung, trennen uns doch bald 300 Jahre von seiner Entstehung.

»Klar, doch unerklärbar«[1] – so charakterisierte Carl Friedrich Zelter, der Leiter der Berliner Singakademie, Bachs Musik in einem Brief an Goethe vom 8. Juni 1827. Und dennoch sind rationale Annäherungen an Bach möglich, auch an das Weihnachtsoratorium. Ein erster Hinweis lautet: diese Musik ist voller »Sinn«, denn sie ist sinnlich und sinnvoll zugleich. Bach verbindet die beiden Aspekte, und hier setzt die musikalisch-theologische Interpretation an. Das *Sinnliche* wird im Hören erfahrbar. Je offener und geübter die Hörer dabei sind, desto intensiver erreicht sie das Werk. Üben ist ja nicht nur eine Sache des Musik-Machens, sondern auch des Hörens; und Weihnachten ist das Sinnlichste aller christlichen Feste!

Wie *sinnvoll* Weihnachten in Bachs Musik ist, davon ist vieles noch allgemein vertraut, vor allem die biblische Weihnachtsgeschichte: »Es begab sich aber zu der Zeit …« Im Blick auf die Musik ist weithin bekannt, dass Trompeten und Pauken im Barock die Instrumente der Majestät und des Herrscherlobes waren. Und wer wüsste nicht, dass die Choralstrophen im geistlichen Vokalwerk Bachs als »Stimme der Gemeinde« gedacht sind, wenngleich auch damals die Kirchenbesucher nicht in diese Lieder mit eingestimmt haben, sondern der Chor stellvertretend für die Gemeinde gesungen hat. Wie aber erklärt ein Dirigent seinem Kinderchor, der bei den Chorälen des Weihnachtsoratoriums mitsingen darf, den Sinn der Liedzeile »dir will ich abfahren« (III,33) – durchaus im Unterschied zu »auf dich fahre ich ab« in heutiger Jugendsprache? Und warum nur singen die Heiligen Drei Könige bei Bach vierstimmig?

Angestrebt wird in diesem Buch ein möglichst verständliches und zugleich wissenschaftlich fundiertes Beschreiben der Musik Bachs als interdisziplinäre Interpretation von Wort und Ton. Im Mittelpunkt steht die Musik, deren kompositorische Qualität und ausdrucksstarke Auslegung der Weihnachtsbotschaft eine Einheit bilden. Doch auch Frömmigkeit und Liturgie der Bachzeit spielen ihre Rollen im Werk und in dieser Einführung. Manches wird verständlicher, wenn wir gelegentlich einen Seitenblick auf die Predigttradition des damaligen Luthertums werfen, denn dies ist der spirituelle Sinnzusammenhang, der die musikalischen Kontexte, etwa die Lehre von den Figuren und den Affekten, ergänzt.

Formenwelt und Gattung

Das Wechselspiel musikalischer Formen

Wer sich ein wenig einhört oder zugleich anhand der Partitur einliest in Bachs Weihnachtsoratorium, dem begegnet keine stilistische Einheit wie bei einer Motette von Palestrina, einer Bach'schen Triosonate oder einer klassischen Sinfonie. Wir hören vielmehr eine Fülle musikalischer Formen, denn ähnlich wie Bachs Passionen und Kantaten ist auch das Weihnachtsoratorium ein komplexes Formenspiel. Verschiedene verbale und musikalische Sprachen mit je eigenem Vokabular und besonderer Grammatik wechseln miteinander ab und überlagern sich sogar.

Thematisches Rückgrat der weihnachtlichen »Klangrede in Wort und Ton« ist das *Evangelium*, die in der zweiten Hälfte des 1. Jahrhunderts nach Christus verfasste Bibel, freilich in Martin Luthers deutscher Übersetzung, die etwa zweihundert Jahre vor Bachs Komposition entstanden war und zur Bachzeit noch die gesamte Sprachwelt des Protestantismus prägte. Die Weihnachtsgeschichte nach dem Evangelisten Lukas (Kapitel 2, Verse 1 und 3–21) ist der »tonangebende Schrifttext«[2]

für die Liturgie und Frömmigkeit des Christfestes und bildet die biblische Grundlage der Teile I bis IV des Oratoriums. In den Teilen V und VI hören wir dann die Fortsetzung nach Matthäus (Kapitel 2, Verse 1–12). Die biblische »Ur-Kunde des Glaubens« erklingt im verkündigenden Evangelisten-Rezitativ des Tenors. Er wird auch »Testo« (Zeuge) genannt, weil er das Geschehen nicht neutral berichtet, sondern mit innerer Anteilnahme verkündet. Sein nur vom Basso continuo begleitetes »Recitativo secco« (»trocken«, das heißt ohne weitere Instrumente) geht subtil auf das Bibelwort ein und bringt sowohl dessen Bildlichkeit als auch die in den Worten enthaltenen Affekte musikalisch zur Geltung.

Die sängerische Interpretation erfordert eine Ausdrucksskala von Parlando bis Espressivo. In Bachs Evangelistenpart klingen durchaus noch der liturgische Gesang sowie die schlichten Rezitative älterer Weihnachtskompositionen nach; zugleich aber spiegeln sich im reichen Affektspektrum des Evangelisten die ins Geistliche gewendeten Errungenschaften der italienischen Oper. Analytisch fassbar werden Bachs Rezitative vor allem durch die Interpretation mittels der musikalisch-rhetorischen Figurenlehre, die im Zentrum der damaligen »Musica poetica« stand. Deren Vokabular und Grammatik zur musikalischen Textdeutung waren für Bach zwar nicht mehr so maßgeblich wie für Heinrich Schütz, aber immerhin noch in Umrissen gültig.

Überdies enthält der Bibeltext die Rede einiger Einzelpersonen (»Soliloquenten«; wörtlich: einzeln Redende, wie der verkündigende Engel oder König Herodes) und Gruppen wie die Engel, die Hirten und die Weisen (»turba« = Menge). Ganz realistisch vertont Bach in der Regel die einzeln Auftretenden solistisch, die Gruppen hingegen chorisch. Im Unterschied zu den Passionen – man denke etwa an Bachs Johannespassion mit ihrem symmetrischen Aufbau der hochexpressiven Turba-Chöre als Kontrast zur hoheitsvollen Rede Jesu – wirken diese dramatischen »Rollen« im Weihnachtsoratorium aber kaum strukturbildend. In den Teilen I und IV hören wir weder Soliloquenten noch Bibelwortchöre. Auch erklingt ja im gesamten Oratorium kein direktes Wort etwa von Maria, geschweige denn von Jesus. Dennoch nutzt Bach gelegentlich, so im Duett »Herr, dein Mitleid, dein Erbarmen« (III,29), die Bassstimme als Sinnbild der »Vox Christi« analog zu den Passionsmusiken. Und der Altstimme weist er – in seinem Gesamtkonzept der Vokalsolisten als »Stimmen des Glaubens« – eine mütterlich-marianische Rolle zu, die uns noch beschäftigen wird.

Die insgesamt 15 *Choralstrophen* (vgl. die Übersicht, S. 15f.) aus dem 16. und 17. Jahrhundert repräsentieren im Oratorium die Tradition der gemeindlichen und privaten Frömmigkeit. Zugleich fungieren insbesondere die Schlusschoräle als einprägsame Zusammenfassungen.[3] Ebenso wie das Bibelwort waren diese Lieder Bachs damaligen Hörern wohlbekannt, vielen sogar in Wort *und* Ton auswendig und deshalb inwendig vertraut. Bach setzt altbekannte Strophen von Martin Luther (1483–1546) ein, aber auch einige relativ neue Verse von Johann Rist (1607–1667) und vor allem von Paul Gerhardt (1607–1676). Ob Bach selbst die Auswahl der Liedstrophen vorgenommen hat, ist ungeklärt. Oft sind dezidiert musikalische Entscheidungen im Spiel, etwa bei den Choralchorsätzen am Schluss des ersten und des zweiten Teils (jeweils zur Melodie »Vom Himmel hoch«), die sich in Tonart und Instrumentierung auf die Eingangschöre zurückbeziehen. Vermutlich lag die Auswahl aufgrund solch musikalischer Weichenstellungen in erster Linie bei Bach, denn nicht jede Choralstrophe hätte sich ohne weiteres mit einer Melodie verbinden lassen, die sich auch in der Grundtonart dieser Teile, D-Dur (Teil I) bzw. G-Dur (Teil II), singen lässt.

Neu in Wort und Ton sind die Chöre, Accompagnati (begleitete Rezitative) und Arien. Ihr Wortlaut entstand wohl erst kurz vor der Komposition, und zwar häufig als Umarbeitung schon vorhandener und vermutlich bereits vertonter Texte. Bevor wir uns ihrer Musik zuwenden, stellen wir die Frage nach dem Verfasser dieser Verse. Ganz gewiss ist das Weihnachtsoratorium die Frucht eines engen musico-poetischen Teamworks zwischen Bach und seinem Textdichter. Unbekannt bleibt jedoch die Identität des Librettisten – und das ist ja nur eine der ungelösten Fragen dieses Werkes. Immerhin gibt es eine gut begründete Vermutung. In erster Linie kommt für diese Aufgabe nämlich Bachs poetischer »Hauslieferant« *Christian Friedrich Henrici* (1700–1764) in Frage, der seine zahlreichen weltlichen und geistlichen Dichtungen unter dem Künstlernamen »Picander« publiziert hat. Im Hauptberuf war der studierte Jurist und überaus wendige Poet in der Postverwaltung tätig, ab 1740 als »Stadt-Trank-Steuereinnehmer, Weininspektor und Visir«. Warum aber findet sich dann der Text des Weihnachtsoratoriums nicht in Picanders »Ernst-Scherzhaften und Satyrischen Gedichten«? Vielleicht hatte die enge Zusammenarbeit zwischen Librettist und Komponist so starke Textanteile Bachs, dass Picander auf die Autorschaft verzichtet hat. Zweifellos war Henrici alias Picander ein besonders versierter Librettist, der sein

Übersicht über die Liedstrophen

Nr.	Teil	Choralstrophe (= Strophe Nr.) aus dem Lied Dichter und Jahr	Melodie Verfasser in heutigen Gesangbüchern
38	IV	**Jesu, du mein liebstes Leben** (1) Jesu, du mein liebstes Leben Johann Rist 1642 (Strophe 1, Zeile 1–4)	vermutlich von J. S. Bach
40	IV	**Jesu, meine Freud und Wonne** = Fortsetzung der Liedstrophe Nr. 38 (Zeile 5–10)	vermutlich von J. S. Bach
42	IV	**Jesus richte mein Beginnen** (15) Hilf, Herr Jesu, lass gelingen Johann Rist 1642	vermutlich von J. S. Bach EG 61 (andere Melodie)
46	V	**Dein Glanz all Finsternis verzehrt** (5) Nun, liebe Seel, nun ist es Zeit Georg Weißel 1642	In dich hab ich gehoffet, Herr Leipzig 1573
53	V	**Zwar ist solche Herzensstube** (9) Ihr Gestirn, ihr hohlen Lüfte Johann Franck 1655	Gott des Himmels und der Erden nach Heinrich Albert 1642
59	VI	**Ich steh an deiner Krippen hier** (1) Ich steh an deiner Krippen hier Paul Gerhardt 1653	Nun freut euch, lieben Christen gmein Wittenberg 1529 EG 37 / GL 256
64	VI	**Nun seid ihr wohl gerochen** (4) Ihr Christen auserkoren Georg Werner 1642	Herzlich tut mich verlangen Hans Leo Haßler 1601

Die Nummerierung der Sätze (linke Spalte) folgt der NBA.
EG = Evangelisches Gesangbuch (1993); GL = Katholisches Gebet- und Gesang-
buch Gotteslob (2013). In der Regel finden sich die Lieder in den heutigen
Gesangbüchern in revidierter Form und mit reduzierter Anzahl der Strophen.

Diese Tabelle basiert auf dem Kritischen Bericht zur NBA, S. 197–199, sowie dem
Vorwort von Klaus Hofmann zu seiner Ausgabe, S. V, und Alfred Dürrs Werkeinführung, S. 45.

Talent für schwierige Aufgaben inclusive des Aspekts der Bearbeitung bereits oft unter Beweis gestellt hatte. Man denke nur an Bachs Matthäuspassion, bei der ihm eine Predigtsammlung als thematische Grundlage diente, deren Hauptgedanken er mit großem Geschick in ein Passionslibretto überführt hat. Über Bachs eigenen Anteil am Text des Weihnachtsoratoriums lässt sich kaum spekulieren, zumal wir bis heute keinen einzigen größeren Text – etwa eine Arie – kennen, von dem wir mit einiger Sicherheit die Autorschaft Bachs annehmen dürfen.

Nun aber zur Musik dieser neu gedichteten Sätze des Oratoriums. Repräsentative *Chorsätze* stehen am Anfang aller sechs Teile mit Ausnahme des zweiten, der mit der berühmten »Sinfonia« beginnt. Die Eingangschöre vereinen die Vokal- und Instrumentalstimmen im Tutti. Ihre barock-poetischen Worte geben das weihnachtliche Thema vor und deuten die speziellen Aspekte des jeweiligen Teils bereits an. Die *Arien* hingegen verweilen bei einem Thema der Betrachtung, etwa bei der adventlich-sehnsuchtsvollen Erwartung (»Bereite dich, Zion, mit zärtlichen Trieben« für Alt, Oboe d'amore und Violinen) oder dem dankerfüllten Herrscherlob (»Großer Herr, o starker König« mit Bass und Trompete), womit wir die beiden Arien des ersten Teils andeutungsweise charakterisiert haben. Wichtig ist Bachs Wahl der Stimmlagen und Instrumente, weil deren spezifischer Klang nach barockem Verständnis bestimmte Eigenschaften hat. Dass die Arien »komponierte Gebete« sind, erfordert zu ihrer Interpretation die integrative Verbindung zweier Weisen der Auslegung: Als Komposition (Satztechnik, musikalische Logik) sind sie zu beschreiben und zugleich als klingende Verkündigung.

Am schwierigsten nach Gehalt und Funktion zu bestimmen sind die nicht-biblischen *Accompagnati*, die Bach als »Rezitative« bezeichnet. Im Unterschied zu jenen des Evangelisten sind diese neu gedichtet und metrisch gebunden sowie nicht nur vom Continuo, sondern noch von weiteren Instrumenten begleitet. Prägend sind dabei typische Motivik und symbolkräftige Instrumentierung. Wir nennen die insgesamt 14 Sätze hier »Accompagnati«, um den Unterschied zu den Rezitativen des Evangelisten zu wahren. Oft bilden sie eine musikalische Brücke zwischen den biblischen Ereignissen und den Hörern. Sie schärfen die Thematik und haben, formal gesehen, eine »moderierende« Funktion. Einige von ihnen sind durchaus betrachtend, andere jedoch mit verantwortlich für den oratorischen Fortgang des Werkes. Accompagnati können die Handlung vorantreiben, etwa im zweiten Teil, wenn die Hirten sich der Krippe rascher nähern als es im Evangelium berichtet wird. In der Regel jedoch unterbrechen sie deutend das biblische Geschehen, was im Blick auf die Handlung eher retardierend wirkt.

Nicht leicht zu beantworten ist die schlichte Frage, wer in den Accompagnati und Arien eigentlich singt. Grundlegend für das Verständnis des Weihnachtsoratoriums ist der Unterschied zwischen Bibeltext (Wort), Choralstrophen (»Wir«-Antwort) und betrachtenden Sätzen (»Ich«-Antwort). Anders als in den älteren Weihnachtshistorien wie etwa der »Weihnachtsgeschichte« von Heinrich Schütz (1585–1672) oder dem Bach mit großer Sicherheit bekannten »Actus musicus auf Weihnachten« von Johann Schelle (1648–1701), einem seiner Amtsvorgänger im Leipziger Thomaskantorat, ist der biblische Bericht bei Bach durch zahlreiche weitere Sätze ergänzt. In diesen dominiert das »Ich«, wenngleich auch Personen wie »Zion« genannt (»Bereite dich, Zion«) oder solche wie »Maria« angedeutet (»Schließe, mein Herze, dies selige Wunder«) werden. Im Unterschied zum typischen Oratorium seiner Zeit sind solche Gestalten in Bachs Werk aber nicht als »allegorische Personen« ausgeprägt. Bach belässt es sowohl im Weihnachtsoratorium als auch in seinen Passionsmusiken bei einer »latenten Personifizierung«,[4] die gerade in ihrer historischen Nicht-Eindeutigkeit Raum eröffnet für das geistliche »Sich-Einfinden« der Hörer im Werk.

Die Arien und Accompagnati des Weihnachtsoratoriums lassen sich wohl verstehen als »*Stimmen des Glaubens*«, die zur Identifikation mit dem Gesagten und Besungenen auffordern. Somit sind die Hörerinnen und Hörer, damals wie heute, direkt in das Werk mit hineinkomponiert. Weder Zion noch Maria noch Herodes treten außerhalb des biblischen Berichts direkt in Erscheinung, weil ein solches »Auftreten« die Hörer auf eine falsche Fährte lenken könnte: Seht, wie vorbildlich oder verwerflich doch diese Personen damals waren! Aber nicht um ein spannendes Schauspiel geht es oder gar um ein musikalisches Krippenspiel von gestern, sondern um einen predigthaften Spiegel, in dem sich die Hörer, mitten in der Weihnachtsgeschichte und zugleich hier und heute, selbst erleben und erkennen.

Die Gattung des Oratoriums

Mit dem sechsteiligen Weihnachtsoratorium schöpft Johann Sebastian Bach als bald 50-jähriger Thomaskantor die Möglichkeiten der Gattung Oratorium aus, deren Geburt aus dem Geist der Oper (musikalische Formenwelt) und der Predigt (verkündigende Absicht) wir nun zu beschreiben haben. Bach hat die oratorische Gattung schon recht früh kennen gelernt, nämlich als 20-jähriger lernbegieriger Organist im Rahmen seines etwa drei- bis viermonatigen »Studienaufenthalts« in Lübeck bei Dietrich Buxtehude. Doch erst 30 Jahre später ergab sich für ihn die Gelegenheit zur Komposition eigener Oratorien.

Es scheint sogar, dass Bach auf das Wort »Oratorium« ganz besonderen Wert gelegt hat, denn wir finden diese Gattungsbezeichnung in der autographen Partitur über dem ersten Teil und zudem in Großbuchstaben (Versalien) auf der Titelseite des originalen Textheftes, das die ersten

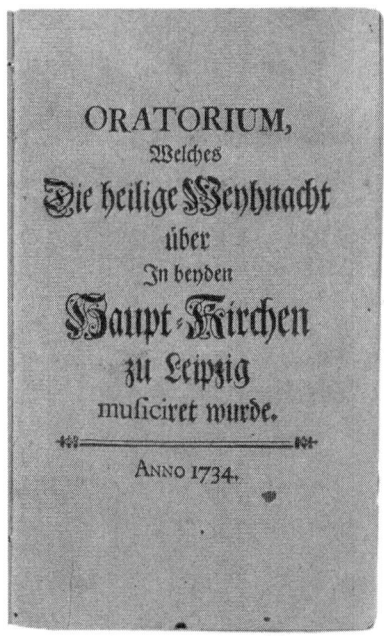

Johann Sebastian Bach: Weihnachtsoratorium. Originaltextdruck zur ersten Aufführung 1734/35 (Stadtarchiv Leipzig). Titelseite

Hörer des Werkes als »Programmheft« erwerben konnten.[5] Die Zeitangabe »Anno 1734« wird durch Bachs Partitur bestätigt, denn auch dort tragen alle Teile des Oratoriums – mit Ausnahme des vierten, was wohl auf Nachlässigkeit beruht – den eigenhändigen Datumsvermerk »1734«.

Betrachten wir die *Titelseite* des Textdrucks noch etwas genauer. Nach der Gattungsbezeichnung »ORATORIUM« wird als Thema (und Zeitraum) der Aufführung »Die heilige Weyhnacht (über)« genannt. Vom Ersten Festtag bis Epiphanias erstreckte sich damals die Weihnachtszeit; die heute übliche Eingrenzung des Weihnachtsfestes auf Heiligabend und Christtag war der Bachzeit noch ebenso fremd wie die Vermischung von Advent und Weihnachten, zu der heute gewiss auch Aufführungen des Bach'schen Weihnachtsoratoriums bereits ab dem Ersten Adventssonntag beitragen. Bachs Aufführungsorte waren die »beyden Haupt=Kirchen zu Leipzig«, nämlich St. Thomas und St. Nicolai. Und selbst die abschließende Formulierung »musiciret wurde« ist inhaltsreich. Zum einen nämlich weist das »wurde« im Tempus der Vergangenheit auf die Praxis der »Aufbewahrung und Benutzung« solcher Texte »zur privaten Andacht«,[6] vielleicht gar auf Bachs Bestreben, gerade diese Aufführung mittels des Textdrucks eindeutig zu dokumentieren. Das Wort »musiciret« informiert über die musikalische Faktur und ergänzt so die Überschrift »ORATORIUM«; »musiciret« bedeutet zur Bachzeit Figuralmusik mit Vokalisten und Instrumentalisten, im heute üblichen Sprachgebrauch also eine oratorische Besetzung »für Soli, Chor und Orchester«. Ohne nun in kontroverse Diskussionen über Bachs Leipziger *Aufführungsbedingungen* einzutreten, dürfen wir uns seinen Chor aus Knaben- und Männerstimmen wohl eher klein besetzt vorstellen, wobei es zwischen »Concertisten« (damit sind die Solisten und Stimmführer gemeint) und dem »Tutti« der »Ripienisten«[7] keine starre Trennung gab. In Bachs Orchester, an dessen Pulten höchst anspruchsvolle Solopartien zu bewältigen waren, wirkten städtisch angestellte Instrumentalisten – Stadtpfeifer und Kunstgeiger mitsamt deren Gesellen und Lehrlingen – neben fortgeschrittenen Alumnen der Schule und professionellen Aushilfskräften aus dem Kreis der Leipziger Studentenschaft.

Um noch etwas mehr über die *Gattung* des Oratoriums[8] zu erfahren, schlagen wir ein Handbuch der Dichtkunst auf, das auch Bach gekannt haben mag. Es trägt den Titel »Die allerneueste Art, zur reinen und galanten Poesie zu gelangen« (1706) und stammt von Christian Friedrich Hunold (1681–1721), genannt »Menantes«, einem mit Oratorien erfahrenen Poeten, der in diesem Lehrwerk allerdings vorwiegend Nachschriften von Vorlesungen des Dichters und Theologen Erdmann Neumeister (1671–1756) publiziert hat. Folgende Definition des textlichen Aufbaus wird gegeben: »Eine Oratoria ist eine vortrefflich schöne Art, und vornehmlich wird sie uns in geistlichen Sachen und Kirchen=Stücken contentiren [zufrieden stellen]. Sie ist aber kürzlich also beschaffen, dass ein Biblischer Text und Arien unter einander gewechselt werden. Bisweilen tut man auch ein oder ein Paar Gesetze [Verse] aus einem Choral-Gesang dazu.«

Gemäß der Devise »variatio delectat« ist das musikalische Prinzip des Oratoriums die Abwechslung. Die innere Logik ergibt sich aus den der Musik zugrunde liegenden Worten und ihrem Gehalt: »Man nehme bey den Musicalischen Arien, so wohl hier, als in den Cantaten und durchgehends nur dieses in acht, dass sie nicht einerlei Genus [Machart] haben, damit so wohl der Poet als der Componist seine Variationes an den Tag legen. Aus der Materie wird man leicht sehen, obs ein Solo, oder a doi [zu zweien], oder mehr Stimmen werden müssen. Und dem Componisten wollen wir auch keinen Eingriff tun, ob er ein Concert oder andere Musikalische Galanterien daraus machen möchte, wenn nur alles a propos [mit stimmigen Übergängen] kömmt.«[9]

Das »a propos« weist auf zwei »oratorische Grundrichtungen«, deren Abwechslung Bach als kunstvolle Balance zweier Zeiten, damals und heute, gestaltet. Die Richtung *nach vorn* (Historia) meint die Darstellung der damaligen Ereignisse, wie das Evangelium sie berichtet; die Richtung *nach innen* (Betrachtung hier und heute) hören wir vor allem in den Chorälen, Accompagnati und Arien. Dazwischen darf meistens ein solches »a propos« ergänzt werden, das Bericht und Betrachtung miteinander verknüpft. Als Beispiel wählen wir gleich das erste Rezitativ des Weihnachtsoratoriums, das mit den Worten schließt: »Und als sie daselbst waren, kam die Zeit, dass sie gebären sollte.« Wir ergänzen den Zwischenschritt: A propos »gebären sollte«, was heißt das eigentlich? Die Antwort erklingt im Ton der Vergegenwärtigung als Accompagnato: »Nun wird mein liebster Bräutigam … einmal geboren werden.« Ein Spezifikum des Weihnachtsoratoriums besteht nun noch darin, dass das biblische Potenzial »nach vorn« ungleich weniger Dramatik enthält als etwa die Passionsgeschichten. Daraus resultiert der kontemplative Grundton des Weihnachtsfestes wie auch des Bach'schen Weihnachtsoratoriums. Bach zeigt Weihnachten als musikalisches Drama des Glaubens mit zwei Hauptpersonen: das Krippenkind und die Hörer der Weihnachtsbotschaft. Damit Weihnachten in jedem »Ich« gegenwärtig wird, werden die Hörer in immer neuen Worten und Klängen an das Krippenkind erinnert: »... dass ich nimmer vergesse dein!« (I,9).

Entstehung und weltliche Vorlagen

Bach in Leipzig 1734

Seit 1723, also gut zehn Jahre lang, war Johann Sebastian Bach schon Leipziger Thomaskantor und städtischer Musikdirektor, als er den Plan zu einem Weihnachtsoratorium in die Tat umsetzte. Zugleich nahte sein 50. Geburtstag am 21. März 1735. Die 1730er Jahre brachten für Bachs Komponieren drei neue Schwerpunkte in gegenseitiger Durchdringung. Zum einen wendet er sich intensiv *weltlichen Projekten* zu. Seit der 1729 erfolgten Übernahme des angesehenen »Schottischen Collegium Musicum« (benannt nach Georg Balthasar Schott, Bachs Vorgänger als Leiter), das Telemann 1702 gegründet hatte, stand ihm ein geeignetes Ensemble für bürgerliche Musikdarbietungen mit Vokal- und Instrumentalmusik im Zimmermann'schen Kaffeehaus sowie in dessen Kaffeegarten zur Verfügung. Dieser neue Schaffensakzent Bachs ging nicht nur einher mit einer Erweiterung des weltlichen Repertoires, sondern intensivierte zugleich seine Beziehungen zu den besten Instrumentalisten der Stadt, was wiederum der Kirchenmusik zugute kam.

Ein zweiter Schwerpunkt jener Jahre ist Bachs Versuch, sein lokales Engagement in Leipzig mit einem *überregionalen Pendant* zu ergänzen. Geeignet hierfür schien ihm der Titel eines kurfürstlich-sächsischen Hofcompositeurs. Zu diesem Zweck hatte er 1733, ein Jahr vor der Komposition des Weihnachtsoratoriums – während der Landestrauer nach dem Tod Augusts des Starken, die ihn von Kantatenaufführungen entlastete –, eine aus Kyrie und Gloria bestehende Missa h-Moll (später zur vollständigen Messe ergänzt, BWV 232) dem Dresdner Hof dediziert. Auch die weltlichen Glückwunschkantaten für das sächsische Fürstenhaus, deren Musik Bach in das Weihnachtsoratorium »einspeiste«, dienten nicht zuletzt dem Ziel, diese Titelfrage weiterhin virulent zu halten. Erst 1736 erreichte Bach sein Ziel. Aus Dresden wurde ihm »allergnädigst« das »Praedicat als Compositeur bey Dero HofCapelle« verliehen.

Das dritte und für das Weihnachtsoratorium wichtigste Moment schließlich ist Bachs Hinwendung *zu größeren geistlichen Formen* wie etwa der lateinischen Messe – neben der schon genannten Kyrie-Gloria-Missa h-Moll sind noch vier weitere solche »Kurzmessen« überliefert – und des Oratoriums. Im gleichen Kirchenjahr wie das Weihnachtsoratorium entsteht das Himmelfahrtsoratorium »Lobet Gott in seinen Reichen« (1735), und auch die bereits 1725 entstandene Ostermusik »Kommt, eilet und laufet« erhält in ihrer Neufassung 1735 vom Komponisten die Überschrift »Oratorium«. Merkwürdig bleibt, dass das Osteroratorium bis heute die geringste Popularität unter Bachs oratorischen Werken genießt, obwohl einzig dieses Werk mit seiner konsequent dramatischen Anlage und mit durchgehend freier Dichtung der Gattung wirklich entspricht. Vielleicht hatte Bach auch ein Pfingstoratorium geplant oder gar ausgeführt, so dass sich eine komplette Serie von Oratorien zu den Hauptfesten des Kirchenjahres ergeben hätte.

Die Parodievorlagen als musikalischer Fundus

Eng verknüpft mit dem dritten Schwerpunkt der 1730er Jahre ist die Entstehung des Weihnachtsoratoriums, weil Bach auch mit diesem Werk zur Vergrößerung der Formen tendiert. Äußere Notwendigkeiten zur Komposition scheint es nicht gegeben zu haben, ja nicht einmal einen spezifischen Aufführungsrahmen, zumal die Möglichkeit der konzertanten Aufführung eines solchen Werkes in Leipzig damals noch in weiter Ferne lag. Bach gliedert das weihnachtliche Oratorium deshalb als »Hauptmusik« der Weihnachtszeit sukzessive in die liturgische Aufführungspraxis seiner Kantaten ein (vgl. die Übersicht, S. 30f.). Ähnlich verfährt er mit den Oratorien zu Ostern und zu Himmelfahrt, wenngleich sich an diesen beiden Festen kein dem Weihnachtsoratorium vergleichbarer Aufführungszyklus ergibt, sondern jeweils das Oratorium als Hauptmusik des Ersten Festtags die Stelle der Kantate einnimmt. Insbesondere beim Weihnachtsoratorium verbindet Bach die »freiberufliche« Erweiterung des weltlichen Repertoires eng mit der Absicht zur Vergrößerung der Formen im geistlichen Bereich der Kantoratsmusik. Die Brücke zwischen den weltlichen Urbildern und ihrer weihnachtlichen Bearbeitung ist das in der Bachforschung viel diskutierte *Parodieverfahren*, bei dem einer bereits vorhandenen Vokalmusik ein neuer Text unterlegt wird.

Zum Weihnachtsoratorium umgearbeitet hat Bach vor allem die Glückwunschkantaten »Lasst uns sorgen, lasst uns wachen. Herkules auf dem Scheidewege« (BWV 213) und »Tönet, ihr Pauken! Erschallet, Trompeten!« (BWV 214). Bei Bach tragen solche Werke häufig den Gattungstitel »Dramma per musica«, der zugleich ein geläufiger Titel für Opern war. Aus den schon erwähnten Huldigungskompositionen BWV 213 und BWV 214 entnimmt Bach den Großteil der Chöre und Arien ins Weihnachtsoratorium. An dritter Stelle ist die Festmusik »Preise dein Glücke, gesegnetes Sachsen« (BWV 215) zu nennen, aus der – wohl als »Ersatz« für eine geplante, aber nicht durchgeführte Parodie aus den beiden erstgenannten Werken – nur ein Satz entlehnt wird. Und viertens ist eine geistlich-geistliche Parodie im Spiel, die den sechsten Teil des Oratoriums betrifft. Dazu kennen wir etliche Details, aber weder die »originale« Musik (BWV 248a) noch deren Text sind erhalten.

Das Libretto zur Kantate »Herkules auf dem Scheidewege« stammt aus der Feder Picanders.[10] Am 5. September 1733 erklang diese »Cantata« im Zimmermann'schen Kaffeegarten zu Ehren des Kurprinzen Friedrich von Sachsen, des elfjährigen Enkels Augusts des Starken. Die Handlung greift eine bei Prodikos von Keos (um 450 v. Chr.) überlieferte Sage auf: Herkules, Sohn des Zeus und der Alkmene, begegnet an einer Weggabelung zwei Frauen, der Wollust und der Tugend, die um seine Zuneigung werben. Das mythologische Geschehen mitsamt der tugendhaften Haltung des Herkules wird dem elfjährigen Friedrich im Sinne eines Fürstenspiegels vor Augen und Ohren gestellt, vielleicht sogar in einer Art »halbszenischer Inszenierung« dieses Dramma per musica nahe gebracht. Da kein Zweifel daran besteht, dass Friedrich dem Vorbild des Herkules nacheifern wird, ist ihm schlussendlich das Lob Merkurs gewiss, der als Gott der Kaufleute die Messestadt Leipzig repräsentiert. Angesichts der humanistischen Zielsetzung und des moralischen Ernstes verfließen in diesem Werk, so Renate Steiger, die Grenzen zwischen »weltlich« und »geistlich«.[11]

Ein Vierteljahr später, am 8. Dezember 1733, kam die Glückwunschkantate »Tönet, ihr Pauken!« durch das Bachische Collegium musicum zur Aufführung. Sie galt dem 34. Geburtstag der sächsischen Kurfürstin und polnischen Königin Maria Josepha, der Mutter des in der »Her-

Übersicht über die im Weihnachtsoratorium (mittlere Spalte) parodierte Musik aus früheren Werken Bachs

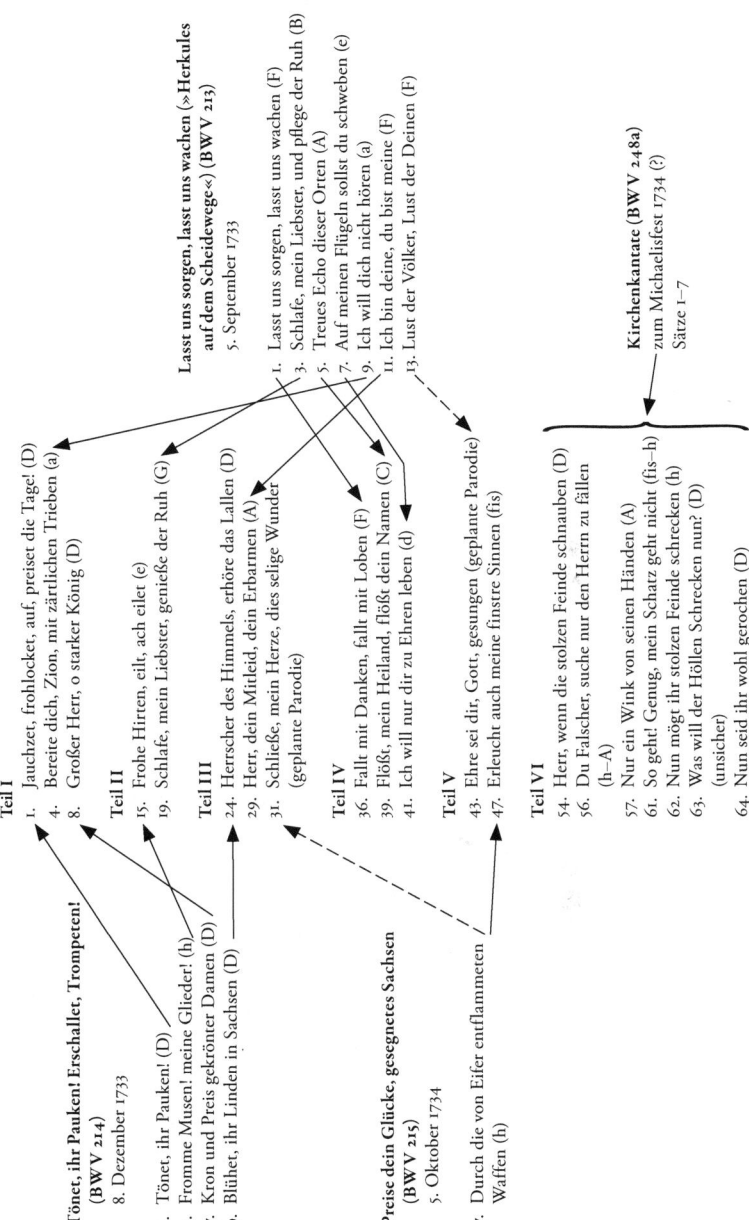

Lasst uns sorgen, lasst uns wachen (»Herkules auf dem Scheidewege«) (BWV 213)
5. September 1733

1. Lasst uns sorgen, lasst uns wachen (F)
3. Schlafe, mein Liebster, und pflege der Ruh (B)
5. Treues Echo dieser Orten (A)
7. Auf meinen Flügeln sollst du schweben (e)
9. Ich will dich nicht hören (a)
11. Ich bin deine, du bist meine (F)
13. Lust der Völker, Lust der Deinen (F)

Teil I
1. Jauchzet, frohlocket, auf, preiset die Tage! (D)
4. Bereite dich, Zion, mit zärtlichen Trieben (a)
8. Großer Herr, o starker König (D)

Teil II
15. Frohe Hirten, eilt, ach eilet (e)
19. Schlafe, mein Liebster, genieße der Ruh (G)

Teil III
24. Herrscher des Himmels, erhöre das Lallen (D)
29. Herr, dein Mitleid, dein Erbarmen (A)
31. Schließe, mein Herze, dies selige Wunder (geplante Parodie)

Teil IV
36. Fallt mit Danken, fallt mit Loben (F)
39. Flößt, mein Heiland, flößt dein Namen (C)
41. Ich will nur dir zu Ehren leben (d)

Teil V
43. Ehre sei dir, Gott, gesungen (geplante Parodie)
47. Erleucht auch meine finstre Sinnen (fis)

Teil VI
54. Herr, wenn die stolzen Feinde schnauben (D)
56. Du Falscher, suche nur den Herrn zu fällen (h–A)
57. Nur ein Wink von seinen Händen (A)
61. So geht! Genug, mein Schatz geht nicht (fis–h)
62. Nun mögt ihr stolzen Feinde schrecken (h)
63. Was will der Höllen Schrecken nun? (D) (unsicher)
64. Nun seid ihr wohl gerochen (D)

Kirchenkantate (BWV 248a) zum Michaelisfest 1734 (?) Sätze 1–7

Tönet, ihr Pauken! Erschallet, Trompeten! (BWV 214)
8. Dezember 1733
1. Tönet, ihr Pauken! (D)
5. Fromme Musen! meine Glieder! (h)
7. Kron und Preis gekrönter Damen (D)
9. Blühet, ihr Linden in Sachsen (D)

Preise dein Glücke, gesegnetes Sachsen (BWV 215)
5. Oktober 1734
7. Durch die von Eifer entflammeten Waffen (h)

kules-Kantate« besungenen Kronprinzen Friedrich. In diesem Libretto, dessen Verfasser wir nicht namentlich kennen, treten vier Göttinnen der antiken Mythologie auf: »Bellona«, die Göttin des Krieges (Sopran), »Pallas«, die Beschützerin der Musen und der Wissenschaft (Alt), »Irene«, die Friedensgöttin (Tenor) und »Fama«, der Ruhm (Bass). Dennoch eignet diesem Werk im Vergleich zur Herkules-Kantate ein geringeres dramatisches Potenzial.

Zeitlich noch näher beim Weihnachtsoratorium steht die dritte Festmusik mit dem Titel »Preise dein Glücke, gesegnetes Sachsen«, die, wiederum in Leipzig, im Rahmen einer abendlichen Huldigung mit großem Fackelzug zum Jahrestag der Thronbesteigung Augusts III. als König von Polen zur Aufführung kam. Von dem Leipziger Jurastudenten Johann Christoph Clauder, einem Mitglied des Gottsched-Kreises, stammt der Text. Allerdings dürfte Bachs Erinnerung gerade an diese Aufführung zwiespältig gewesen sein, denn wenige Tage danach erlag sein erster Trompeter Gottfried Reiche einem Schlaganfall, zu dem auch die Strapazen des Blasens und der Fackelrauch an jenem Abend ihren Teil beigetragen haben sollen. Besagte Aufführung war am 5. Oktober 1734, also nur wenige Wochen vor der Adventszeit, während der Bach Zeit zur endgültigen Ausarbeitung des sechsteiligen Oratoriums fand, nachdem er am Ersten Advent Georg Philipp Telemanns Kantate »Machet die Tore weit« zur Aufführung gebracht hatte und an den weiteren Adventssonntagen die Figuralmusik in Leipzigs Kirchen schwieg. Diese musikalische Askese respektiert zum einen den Charakter des Advents als Vorbereitungs- und Bußzeit, zum anderen trägt sie dazu bei, dass die weihnachtlichen Tage dann besonders festlich zur Geltung kommen.

Blick in Bachs kompositorische Werkstatt

Dass ein großer Teil der Musik, die in Bachs Weihnachtsoratorium erklingt, nicht »original« für dieses Werk komponiert worden ist, hat in vergangenen Generationen vor allem bei den Musikforschern Befremden ausgelöst und überrascht auch heute noch viele Hörer. Nicht weniger als etwa ein Viertel der gesamten Vokalmusik J. S. Bachs ist irgendwie vom Thema »Parodie und Vorlage« tangiert. Während frühere musikwissenschaftliche Deutungen darin einen ästhetischen Makel sahen und Bach sich quasi posthum für dieses Verfahren rechtfertigen musste, geht es heute darum, die Parodie (wörtlich »Gegengesang«) als spezielle Technik des Bearbeitens im Sinne der »Umtextierung geistlicher oder weltlicher Vokalwerke zu neuer geistlicher oder weltlicher Verwendung«[12] tiefer zu verstehen.

Welche Gründe mögen Bach bewogen haben, das Weihnachtsoratorium nicht als Originalwerk wie etwa die beiden großen Passionen nach Johannes (1724) und Matthäus (1727) zu komponieren? Gelegentlich wird die Zeitersparnis beim Komponieren als Argument ins Feld geführt. Aber bei nicht wenigen Parodien stellt sich die Frage, ob eine Neukomposition nicht einfacher gewesen wäre als eine solch minutiöse Bearbeitung. Bach parodiert nämlich niemals schematisch, sondern immer sehr detailliert: mit Änderung und Angleichung der Musik an ihren neuen Text, im Weihnachtsoratorium auch mittels Uminstrumentierung und Transposition, Zuweisung neuer Stimmlagen und veränderter Artikulation etc. Bach hat das Parodieren wohl als besondere kompositorische Herausforderung empfunden, bei der nicht das Komponieren im Zentrum stand, sondern das Bearbeiten und Anpassen schon vorhandener und besonders guter Musik an einen neuen Text. Er verbindet dies mit der Perfektionierung bestimmter satztechnischer Modelle, so dass nicht selten aus der Vorlage im Vollzug des Parodierens ein »Exemplum« wird: ein Musterbeispiel für Bachs Lösung einer kompositorischen Aufgabe.

Ein zweiter Grund führt direkt ins Zentrum seiner Motivation. Es gibt für Bach offenbar eine *Skala der Dignität* von vokal-instrumentaler Musik, welche wiederum eng verbunden ist mit der Möglichkeit und Häufigkeit ihrer Aufführung, indirekt sogar mit den Chancen späterer Rezeption. Alle bekannten Übernahmen mittels des Parodieverfahrens weisen nämlich in die gleiche Richtung, was ihren »Sitz im Leben« angeht: vom weltlich-einmaligen Anlass sogenannter »Gelegenheitsmusik« zum geistlichen »Proprium de tempore« mit den »eigenen« und deshalb wechselnden Texten und Themen der Sonn- und Festtage des Kirchenjahres; etliche Sätze parodiert Bach dann noch weiter, indem er ihre Musik mit dem immer gleich bleibenden lateinischen Text des »Ordinarium missae« verbindet, was dann durch eine einzige »Missa tota et concertata h-Moll« als Bachs »Opus summum et ultimum« gleichsam gekrönt wird. Die kompositorische Substanz einmaliger Gelegenheitswerke kann also durch die Übernahme in einen »höheren« Werkzusammenhang »gerettet« werden, weil sie sich in ihrer satztechnischen Qualität als flexibel und kompatibel mit mehreren Wort- und Werkzusammenhängen erweist. Dabei »durchschreiten« die parodierten Vokalsätze – jedenfalls idealtypisch – die folgende, von unten nach oben zu lesende Skala:

Missa tota	geschichtsträchtige Gattung, lateinisch und »catholisch«, Ordinarium Missae, persönliche Motivation Bachs
Missa (Kyrie, Gloria)	sonntäglicher Anlass, lateinisch, »lutherisch«, Ordinarium Missae
Oratorium	jährlich aufzuführen, aber an einem Festtag (oder in einer Festzeit), deutsch, Proprium de tempore, Kantoratsmusik
Kirchenkantate	jährlicher liturgischer Anlass: Sonntag (und Festtag), deutsch, Proprium de tempore, Kantoratsmusik
weltliche Kantate	einmaliger Anlass, deutsch, oft nebenberufliche Auftragswerke

Das Weihnachtsoratorium lässt sich verstehen als Bachs weihnachtliches »Exemplum« in der Kunst oratorischer Komposition und zugleich als Zusammenfassung seiner kompositorischen Erfahrungen mit diesem christlichen Fest in etlichen Weihnachtskantaten und weihnachtlichen Orgelchorälen. Wie ein Epilog folgt dann noch – nun wiederum nicht als Parodie, sondern als neue Komposition – das »Et incarnatus est« der h-Moll-Messe als die vielleicht letzte Musik, die Bach in den letzten Wochen seines Lebens komponiert hat (1749).

Im Hintergrund des Bach'schen Parodieverfahrens stehen die barocke Affektenlehre sowie der einheitliche Musikbegriff des damaligen Luthertums. Die Bereiche »weltlich« und »geistlich« sind in diesem musicotheologischen Konzept zwar unterschieden, jedoch niemals getrennt. Deshalb kann die musikalisch-weltliche Darstellung etwa der Freude oder des Herrscherlobes in einem Dramma per musica über die »Brücke« der Affektgleichheit nachträglich zur Vorlage eines liturgisch-geistlichen Werkes werden.

Aufbau und innere Einheit des Werkes

Dramaturgie in Wort und Ton

Wie ist Bach nun – vermutlich gemeinsam mit seinem namentlich nicht bekannten Textdichter – bei der Konzeption, Disposition und letztlich Komposition des Weihnachtsoratoriums vorgegangen? An erster Stelle steht der Plan zu einem Oratorium, der sich, wie gezeigt, in die von Bach bevorzugte geistliche Formenwelt der 1730er Jahre einreiht und zugleich mit der Bearbeitung neu entstandener weltlicher Werke zusammenhängt, welche wiederum im Kontext des von Bach angestrebten Dresdner Hoftitels stehen. Die Besonderheit des Weihnachtsoratoriums – singulär im geistlichen Vokalwerk Bachs – ist nun, dass er ein sechsteiliges Oratorium komponiert, dessen einzelne Teile die Funktion der Kantate an den sechs Feier- und Sonntagen der Weihnachtszeit einnehmen. Die kompositorische Einheit des Werkes steht somit in Spannung zur »aufgefächerten« Aufführungspraxis. Zudem hat Bach vermutlich mit Bedacht ein Jahr abgewartet, in welchem es keinen Sonntag nach Weihnachten gab, dafür aber einen Sonntag nach Neujahr. Nur so konnte er den langen Evangelienbericht zu Epiphanias (Fest der Erscheinung des Herrn am 6. Januar; volkstümlich »Dreikönigsfest«) auf zwei Teile des Oratoriums aufteilen.[13]

Neben dem kalendarischen Duktus spielt auch der liturgische in das Werk hinein. Von vornherein festgelegt waren für das Weihnachtsoratorium zwei Tageszeiten der Aufführung: zunächst in der »Frühe«, das heißt im vormittäglichen Hauptgottesdienst, der um 7 Uhr begann, sodann am »Nachmittage«, also im Rahmen des Vespergottesdienstes um 15 Uhr. Vorgegeben war hierbei ein Wechsel der Hauptmusik im Vormittagsgottesdienst zwischen den »beyden Haupt=Kirchen«, wobei der Turnus durch den Beginn in St. Nicolai am Ersten Weihnachtstag in Gang gesetzt wurde. Einer bereits 1658 eingeführten Regelung folgend,[14] musizierte Bachs Ensemble in der Nicolaikirche jeweils am Ersten und Dritten Festtag im Hauptgottesdienst, wohingegen die Thomaskirche vormittags nur am Zweiten Festtag mit Figuralmusik zu bestücken war. Für die Teile III und V gab es nur eine Aufführung, jeweils »in der Frühe«, weil an den betreffenden Tagen – Dritter Weihnachtstag und Sonntag nach Neujahr – in der Vesper nicht »musiciret« wurde. Da die vormittägliche Aufführung an diesen beiden Tagen in der Nicolaikirche stattfand, konnten damals also nur die Gottesdienstbesucher dieser Kirche das gesamte Weihnachtsoratorium hören.

Die sechs Teile des Weihnachtsoratoriums: Aufführung 1734/35,

	Teil I	Teil II	Teil III
Festtag/Sonntag	1. Weihnachtstag	2. Weihnachtstag	3. Weihnachtstag
Datum	25. Dezember 1734	26. Dezember 1734	27. Dezember 1734
Wochentag	Samstag	Sonntag	Montag

1734/35: Aufführung des Gesamtwerkes (I–VI) in St. Nikolai und einzelner

in der Frühe	St. Nicolai	St. Thomas	St. Nicolai
am Nachmittage	St. Thomas	St. Nicolai	——

Evangelien (Liturgie) und biblische Grundlage des Oratoriums:

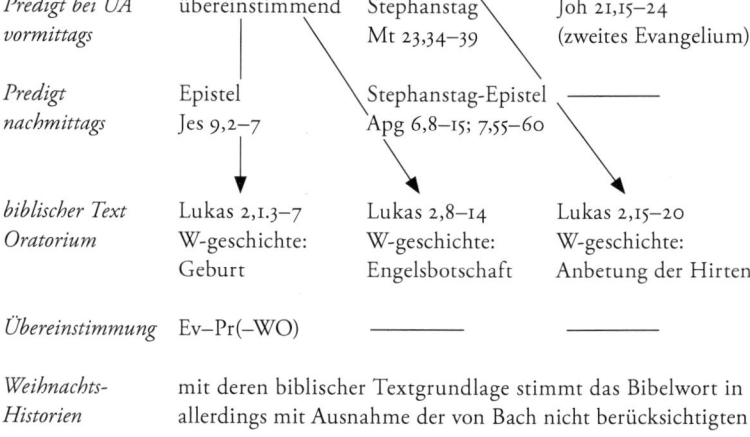

Evangelium	Lukas 2,1–14	Lukas 2,15–20	Johannes 1,1–14
Leseordnung	W-geschichte	W-geschichte	Johannes-Prolog
Predigt bei UA	übereinstimmend	Stephanstag	Joh 21,15–24
vormittags		Mt 23,34–39	(zweites Evangelium)
Predigt	Epistel	Stephanstag-Epistel	——
nachmittags	Jes 9,2–7	Apg 6,8–15; 7,55–60	
biblischer Text	Lukas 2,1.3–7	Lukas 2,8–14	Lukas 2,15–20
Oratorium	W-geschichte:	W-geschichte:	W-geschichte:
	Geburt	Engelsbotschaft	Anbetung der Hirten
Übereinstimmung	Ev–Pr(–WO)	——	——

Weihnachts-	mit deren biblischer Textgrundlage stimmt das Bibelwort in
Historien	allerdings mit Ausnahme der von Bach nicht berücksichtigten

Themen-Polarität:	Armut–Majestät	Engel–Hirten	Gott–Mensch
	(christologisch-	(musikalisch)	(christologisch-
	inkarnatorisch)		erotisch)

Bezug zur Liturgie, Themen-Polarität

Teil IV	**Teil V**	**Teil VI**
Neujahr	Sonntag nach Neujahr	Epiphanias
1. Januar 1735	2. Januar 1735	6. Januar 1735
Samstag	Sonntag	Donnerstag

Teile (I, II, IV, VI) in St. Thomas:

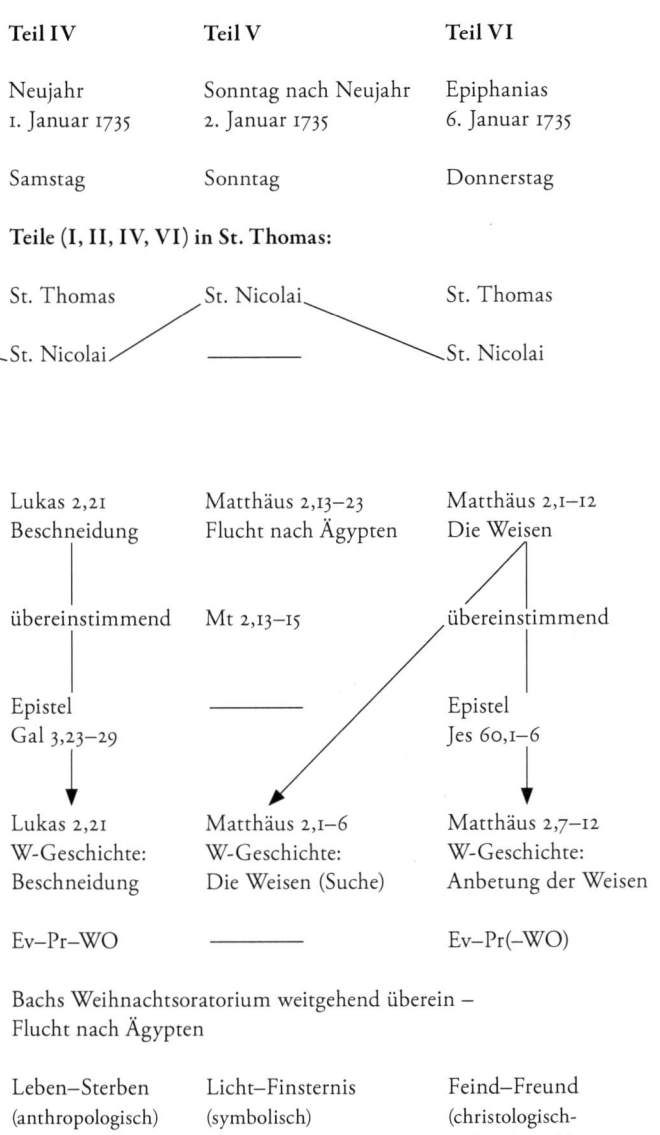

St. Thomas	St. Nicolai	St. Thomas
St. Nicolai	———	St. Nicolai

Lukas 2,21	Matthäus 2,13–23	Matthäus 2,1–12
Beschneidung	Flucht nach Ägypten	Die Weisen
übereinstimmend	Mt 2,13–15	übereinstimmend
Epistel	———	Epistel
Gal 3,23–29		Jes 60,1–6
Lukas 2,21	Matthäus 2,1–6	Matthäus 2,7–12
W-Geschichte:	W-Geschichte:	W-Geschichte:
Beschneidung	Die Weisen (Suche)	Anbetung der Weisen
Ev–Pr–WO	———	Ev–Pr(–WO)

Bachs Weihnachtsoratorium weitgehend überein –
Flucht nach Ägypten

Leben–Sterben	Licht–Finsternis	Feind–Freund
(anthropologisch)	(symbolisch)	(christologisch-eschatologisch)

In mehreren Schritten vollzog sich die *Zubereitung des Textes*. Zunächst waren Auswahl und abschnittsweise Einteilung der weihnachtlichen Bibeltexte vorzunehmen, sowohl im Blick auf die innere Stringenz des Oratoriums als auch mit Rücksicht auf die jeweiligen Evangelienlesungen. Der zweite Schritt war die Bestimmung möglichst ergiebiger »Öffnungsstellen« im biblischen Text. An diesen Stellen wird der biblisch vorgezeichnete Weg »nach vorn« (was geschah damals?) unterbrochen, und es öffnet sich gleichsam ein Fenster »nach innen«: Was bedeutet das heute? Antworten auf diese entscheidende Frage – in Bachs Johannespassion heißt sie »Was willst du deines Ortes tun?« – geben die Choralstrophen, Accompagnati und Arien, für die geeignete Texte ausgewählt bzw. eigens erstellt werden mussten. Dieser Schritt war von zusätzlicher Komplexität, weil die Dichtung zu Accompagnati und Arien ja keineswegs völlig frei erfolgen konnte, sondern an eine entscheidende Voraussetzung gebunden war, nämlich an den bereits vorhandenen »Fundus« jener weltlichen Sätze, die mittels des Parodieverfahrens in das Weihnachtsoratorium integriert werden sollten.

Betrachten wir genauer den ersten Schritt. Auf der Basis der Bibel boten sich dem Librettisten im Blick auf die spezielle Einrichtung des Wortlauts zwei Möglichkeiten: erstens die Anordnung der biblischen Weihnachtsgeschichte (Lukas 2 und Matthäus 2) gemäß der Tradition der musikalischen Weihnachtshistorien und zweitens die weitaus ältere Einteilung dieser Texte (mitsamt dem Johannes-Prolog) nach der altkirchlichen liturgischen Leseordnung. Die beiden Möglichkeiten stehen zueinander in einer gewissen Spannung, weil die im Luthertum beibehaltene altkirchliche Leseordnung – im Unterschied zum Duktus der Historien – den Ablauf der biblischen Geschehnisse nicht durchweg widerspiegelt, sondern bisweilen »unchronologisch« verfährt. So steht der Prolog des Johannesevangeliums von vornherein außerhalb der weihnachtlich-erzählerischen Chronologie, wohingegen die Flucht nach Ägypten chronologisch sogar »falsch« platziert ist, weil sie vor der Geschichte mit den Weisen aus dem Morgenland gelesen wird. Heinrich Schütz hat in seiner Weihnachtsgeschichte folglich die Flucht nach der Anbetung der Weisen platziert.

Nur am Rande sei noch bemerkt, dass wir die liturgische Möglichkeit, den Zweiten Weihnachtsfeiertag als Gedenktag des Märtyrers Stephanus und den Dritten als Fest des Apostels Johannes zu begehen, hier unberücksichtigt lassen können, weil Bachs Weihnachtsoratorium durchweg die weihnachtliche Leseordnung voraussetzt. Martin Petzoldt hat jedoch gezeigt, dass bei der ersten Aufführung des Werkes sowohl am Zweiten als auch am Dritten Weihnachtstag gar nicht zur weihnachtlichen Perikope gepredigt wurde, sondern zu diesen »alternativen« Evangelien. Gerne wüsste man, ob die damaligen Hörer und vor allem der Komponist des Weihnachtsoratoriums dies als liturgisch-musikalische Unstimmigkeit empfunden haben. Leider ist aber keine einzige der Predigten aus den »Uraufführungs-Gottesdiensten« des Weihnachtsoratoriums 1734/35 erhalten geblieben.

Mehr als sechs Kantaten

Nicht nur Menschen, auch Kunstwerke – und nach christlichem Verständnis sogar der drei-eine Gott – leben in und mit Spannungen, etwa der von Einheit und Vielfalt. Für das Weihnachtsoratorium gilt dies in besonderer Weise. Dass Bach die sechs Teile des Gesamtwerkes nicht als zusammenhanglose Abfolge von Kantaten, sondern als *ein* sechsteiliges Oratorium konzipiert hat, steht außer Frage. Doch worin besteht die Einheit dieser Komposition und worin ihre Vielfalt? Und wie verhält sich beides zueinander?

Bereits das Weihnachtsfest selbst ist eine rhythmisch gegliederte und deshalb in sich vielgestaltige Einheit, die in einzelnen Stationen begangen wird: von der Geburt Jesu (Erster Weihnachtstag) bis zur Anbetung der Weisen aus dem Morgenland (Epiphanias). Gleichsam als »Präludium« ist zudem die Erwartung des Advent vorangestellt, was entscheidend dazu beiträgt, dass Weihnachten als Erfüllung zur Geltung kommt. Die innere Einheit der Weihnachtsgeschichte garantiert zugleich die des Weihnachtsoratoriums als einer »geistlichen Opera oder musicalischen Vorstellung einer geistlichen Historia«,[15] wie Johann Gottfried Walther das Oratorium definiert. Hinzu kommen musikalische Faktoren wie die mehrfache Verwendung einiger *Choralmelodien*, insbesondere die »Rahmung« des Werkes mit ein und demselben Cantus firmus: »Wie soll ich dich empfangen?« als erste und erwartungsvolle Liedstrophe, »Nun seid ihr wohl gerochen« dann als Schlusschoral des sechsten Teils und somit des Gesamtwerkes. Dass gerade diese Melodie mittels des ebenfalls auf sie gesungenen Chorals »O Haupt voll Blut und Wunden« zugleich – vor allem für heutige Ohren – eine Brücke von Weihnachten zur Passion schlägt, ist zwar nicht Bachs unmittelbare Absicht oder gar Erfindung, aber doch in der damaligen mehrfachen Verwendung solcher Melodien begründet. Diese »Kontrafaktur« genannte Praxis verdeutlicht, wie sehr die das Kirchenjahr prägenden Heilsgeheimnisse (Mysterien) Christi, hier »Incarnatio« und »Passio«, zusammengehören und wie wenig sie überdies von der »Welt« getrennt werden dürfen; man denke an den bekannten weltlichen Ursprung dieses Liedes bei Hans Leo Hassler auf die Worte »Mein Gmüth ist mir verwirret, das macht ein Jungfrau zart« (1601).

Als weiteres einheitsstiftendes Moment nennen wir die Verteilung der solistisch zu singenden Texte auf die *vier Stimmlagen*. Diesen eignet insgesamt und speziell im Weihnachtsoratorium eine durchaus vielfältige Symbolik. Auffällig konstant ist allein die Bedeutung der Altstimme in den Teilen I bis V des Werkes. Ohne eine direkte Personifikation Marias darzustellen, verharrt sie in der mütterlich-marianischen Thematik des Sich-Bereitens (»Bereite dich, Zion, mit zärtlichen Trieben«), des Wiegens (»Schlafe, mein Liebster, genieße der Ruh«) und des Bewahrens im Glauben (»Schließe, mein Herze, dies selige Wunder, fest in deinem Glauben ein«). Dass Bach diese Zuordnung dann in Teil VI aufgibt, hat schon oft Verwunderung ausgelöst. Vermutlich kamen hier zeitliche Bedrängnisse ins Spiel, die ihn daran hinderten, diese wiederum durch Parodie gewonnenen Sätze der Disposition des Oratoriums anzugleichen, zumal das einen neuen Tonartenplan und die Uminstrumentierung der betreffenden Arien nach sich gezogen hätte.

Die *Anordnung der Tonarten* über die sechs Teile hinweg – jeder Teil schließt in der Tonart, in der er begonnen hat – entspricht dem Grundschema einer Kadenz, die mit verschiedenen Akkorden eine Tonart »befestigt«: D ist die das Werk rahmende Grundtonart der Teile I und VI (und III). Teil II steht auf der Subdominante G und Teil V auf der Dominante A. Etwas aus diesem Kadenz-Rahmen fällt einzig der in F stehende und somit nur terzverwandte Teil IV, in dem allerdings auch sämtliche übrigen einheitsstiftenden Momente fehlen: Biblische Rezitative können diesen Teil schon deshalb nicht strukturieren, weil er nur ein einziges kurzes Rezitativ enthält, das unmittelbar auf den Eingangschor folgt; die Handlung schreitet nicht voran, sondern verweilt bei der Meditation des Jesus-Namens; Tonart und Besetzung (mit Hörnern) bringen neue Klangfarben; die insgesamt am meisten beschäftigte solistische Altstimme pausiert; außerdem erklingen im vierten Teil zwar Choralstrophen, aber keine einzige tradierte Choralmelodie ist zu hören.

Blick auf das Gesamtwerk

Ein Deutungsversuch des Gesamtwerkes ergibt sich aus der inneren Einheit jedes einzelnen Teils. Bach denkt ja nicht nur an die hier gezeigten einheitsstiftenden Momente für das Gesamtwerk. Er komponiert auch jeden der sechs Teile als eine in sich schlüssige Einheit. Dabei entfaltet er das Thema Weihnachten sinnlich-sinnvoll in sechs Teilen, die jeweils einer »irdisch-himmlischen« Polarität nachgehen, um so die Hörer inmitten des Irdischen mittels der Musik auf Spuren der Transzendenz zu führen.

In Teil I (Erster Weihnachtstag) geht es um den *Gegensatz von Niedrigkeit und Majestät*: »Er ist auf Erden kommen arm« – »Großer Herr, o starker König«. Die Paradoxie wird mehrfach umspielt und dann im Schlusschoral »Ach mein herzliebes Jesulein« klanglich versöhnt, wenn in diesem schlichten Choralsatz Trompeten und Pauken die Zeilenschlüsse »krönen« und so die kindlichen Worte mit majestätischem Glanz umgeben. Theologischer Hintergrund ist hier die christologische Zweinaturenlehre: Jesus Christus als wahrer Gott (Majestät) und wahrer Mensch (Niedrigkeit).

Teil II (Zweiter Weihnachtstag) übersetzt die *Begegnung von Himmel und Erde* in wahrhaft sinfonische Musik, die Engel (Flöten und Streicher) und Hirten (Oboen) miteinander vereint. Hier ist an Albert Schweitzers Deutung der diesen Teil eröffnenden »Sinfonia« zu erinnern: Die Hirten setzen in schlichter Weise ein, um dann in die himmlischen Motive der Engelsmusik mit einzustimmen. Auch die instrumentalen Zwischenspiele des Schlusschorals bestätigen und bekräftigen dies, indem sie erneut die Motivik des Eingangschores ins Spiel bringen.

Teil III (Dritter Weihnachtstag) entfaltet die *Polarität Gott–Mensch*. In Jesus Christus ist sie vollendet, im Liebesduett zwischen Sopran und Bass (»Herr, dein Mitleid, dein Erbarmen«) wird sie nicht nur im Text benannt, sondern zugleich musikalisch-erotisch inszeniert, etwa mittels inniger Parallelführungen und Imitationen. Zwei Stimmen finden zur Einheit, sowohl instrumental (die beiden Oboen d'amore) als auch vokal (Sopran als Stimme des Glaubens, Bass als »Vox Christi«).

In Teil IV (Neujahr) geht es – ausgehend von einem biblisch-liturgischen Themenbündel mit Beschneidung und Namensgebung Jesu sowie Lob und Dank am Beginn des bürgerlichen Jahres – um das Äußerste, die *Spannung von Leben und Tod*. Deshalb weitet sich der Blick vom Leben (»Ich will nur dir zu Ehren leben« – in ihrer Virtuosität eine der lebendigsten Arien Bachs) auf die nach damaliger theologischer Lehre bereits in der Beschneidung angedeutete Passion und auf die Sterbekunst (Ars moriendi): »Sollt ich nun das Sterben scheuen? Nein, dein süßes Wort ist da!« Der formalen Entfernung vom einheitlichen Hauptthema entspricht im vierten Teil also eine inhaltliche, ja die formale ist inhaltlich inspiriert.

Doch gerade dieses ungewöhnliche Fortschreiten weg von der Einheit ermöglicht dann den Weg der Rückkehr, das Sich-Schließen des Kreises. Dies wird in Teil V (Sonntag nach Neujahr – Tonart A-Dur) vorbereitet, wenn das Weihnachtsthema, ausgehend vom Sinnbild des »Sterns über Bethlehem« von der *Grundsymbolik Licht–Finsternis* her musikalisiert wird, was zugleich eine zeitliche Bedeutung hat: Strahlen des ewigen Lichtes erleuchten bereits jetzt die irdisch-zeitliche Finsternis der Welt und der Herzen.

Der das Gesamtwerk beschließende Teil VI (Epiphanias) spricht, singt und spielt dann vom Höchsten und Tiefsten, von *Gefahr und Geborgenheit* im weihnachtlichen Glauben, ja sogar von Himmel und Hölle. Dass die thematische Spannung hier als Feindschaft (»Herr, wenn die stolzen Feinde schnauben«) artikuliert wird, ist sowohl von den Psalmen als auch von einer als Vorlage dienenden Michaeliskantate her inspiriert. Die heute überraschende oder gar befremdliche Betonung der Feinde mag Anstoß erregen und die Hörer zum Nachdenken bringen. Vorschnelle Ablehnung des Unvertrauten ist ebenso wenig hilfreich wie der Versuch, Bach und seine Werke gegen jede Kritik zu immunisieren. Das letzte Wort des Oratoriums fasst die Botschaft des Gesamtwerkes zusammen, indem es auf die göttlich-menschliche Thematik des dritten Teils zurückblickt: »Bei Gott hat seine Stelle das menschliche Geschlecht«.

Die Qualität der Texte:
das Prinzip der doppelten Inspiration

Oft schon sind die von Bach vertonten Texte als minderwertig und schwülstig oder als allzu fromm und ohnehin kaum noch verstehbar gescholten worden, wobei Ressentiments gegenüber aller Barockdichtung das Urteil häufig noch verschärft haben. Wir versuchen hier eine Interpretation und Wertung, die von der nüchtern-»handwerklichen« Frage ausgeht, was solche Verse eigentlich zu leisten haben. Geistliche Libretti aller Epochen bewegen sich zwischen den Polen Theologie und Musik. Von der Theologie kommen sie her, denn es handelt sich um Bibeltexte sowie um biblisch inspirierte geistliche Dichtung, wozu auch die Choralstrophen zählen. Zudem aber gehen diese Texte gleichsam auf die Musik zu, indem sie musikalisch inspirierend wirken wollen, was in besonderer Weise für die Dichtung zu Rezitativen, Arien und Chorarien gilt. Die integrative Verbindung von biblischer und musikalischer Inspiration ist somit das hauptsächliche Qualitätskriterium religiöser Texte, insofern sie zur Vertonung bestimmt sind. Durch zahlreiche Zitate und Anklänge (Allusionen) ist der Wortlaut erstens auf die Bibel bezogen, was aber, zweitens, keineswegs mit einem Verzicht auf poetische Qualität einhergehen darf. Und drittens müssen solche Texte »musikabel« sein, das heißt schon im Blick auf eine mögliche Vertonung verfasst. Hans-Joachim Schulze beschreibt das Ensemble dieser Kriterien anschaulich als »Dreieinigkeit aus theologischem Gehalt, literarischer Qualität und musikalischer Brauchbarkeit«.[16]

Die *biblische Inspiration* fächert sich beim Weihnachtsoratorium auf in die Bereiche Erzählung (narratio), Deutung (explicatio) und Aneignung (applicatio), oft im gottesdienstlichen Rhythmus von vier Schritten: Lesung, Betrachtung, Gebet und Liedstrophe. Diese Abfolge ist nicht bloß sukzessiv zu verstehen, sondern als schrittweise Vertiefung, wobei die nächsttiefere Position gerne die vorige zitierend aufgreift. Als Brücke zwischen der biblischen und der betrachtenden Ebene fungiert oft ein »Stichwortanschluss«: im zweiten Teil des Oratoriums etwa der Übergang von »und sie furchten sich sehr« (Evangelist) zu »du Hirtenvolk, erschrecke nicht« (Choral), oder im dritten Teil die Assoziationskette mit mehreren Stichworten: »und bewegte sie in ihrem *Herzen*« (Evangelist) – »Schließe, mein *Herze*, dies selige Wunder« (Aria Alt) – »Ja, ja, mein *Herz* soll es *bewahren*« (Accompagnato Alt) – »Ich will dich mit Fleiß *bewahren*« (Choral). Gerade im Weihnachtsoratorium begegnet auch mehrfach die reizvolle Überblendung der Ebenen, etwa wenn die biblische Frage der Weisen »Wo ist der neugeborene König der Juden?« (V,45) gerade nicht in der Richtung nach vorn beantwortet wird, sondern aus der gegenwärtig-aneignenden Perspektive nach innen: »Sucht ihn in meiner Brust«, was den drei Weisen auf ihrem Weg zur Krippe schwerlich eine Hilfe hätte sein können.

Weiterhin kommt eine formale Polarität ins Spiel, die zwei möglichen Textgehalten folgt, nämlich dem *Sensus* (Bedeutung des Einzelwortes) und dem *Skopus* (Gesamtsinn eines Textes). In der Regel findet der Sensus figürlich-detailreiche Entsprechungen in Bachs Musik. Der Skopus hingegen gibt häufig einen Grundaffekt oder eine den ganzen Satz bestimmende Gestik vor und wirkt so inspirierend auf die musikalische Gesamtform.

Schließlich muss bedacht werden, dass die biblische Inspiration im Zusammenhang zeitgenössischer Predigten steht. Deren Ziel war eine möglichst »werkimmanente« Bibelauslegung gemäß Luthers Prinzip von der Heiligen Schrift als ihrer eigenen Auslegerin: »Sacra scriptura sui ipsius interpres«.[17] Zum lebendigen Wort wird das Evangelium durch die Predigt, die es »in Schwang bringt«, wozu auch die musikalische Predigt zählt, denn Gottes Wort »will gepredigt und gesungen sein«.[18] Was aber ist typisch für die lutherische Predigt? Zunächst ihre spezifische Methode, gemäß der alle Bibelstellen sich gegenseitig erhellen können – die »Konkordanzmethode«. Um etwa die Bedeutung der Hirten in der Weihnachtsgeschichte zu verstehen, geht der Blick – mittels des konkordanten Stichworts »Hirten« – auf die Hirten im Alten Testament: deshalb das Accompagnato »Was Gott dem Abraham verheißen …« (II,14). Das konkordante Hören versteht in seiner harmonisierenden Tendenz die Bibel als großen Sinnzusammenhang. Die moderne historisch-kritische Exegese betont dagegen den analytisch-zergliedernden Zugriff. Dennoch sind beide Verstehensweisen vielleicht nicht gänzlich unvereinbar. Bachs weihnachtlicher Beitrag zur Bibelauslegung nimmt in der Wirkungsgeschichte dieser biblischen Texte jedenfalls einen bedeutenden Platz ein; und für ein Verständnis der theologischen Voraussetzungen, unter denen Bach komponiert hat und die ihn beeinflusst haben, ist die Kenntnis des Bibelverständnisses seiner Zeit unabdingbar.

Die *musikalische Inspiration* kennt die Schwerpunkte Bildlichkeit und Affektgehalt, die sich idealtypisch durchdringen. Im Luthertum konnte man sich dabei wiederum auf eine Bemerkung des Reformators in einer seiner Tischreden berufen: »Die Noten machen den Text lebendig«.[19] Dies wird in der Einzelinterpretation zu zeigen sein, ohne dabei die innermusikalische Qualität der Musik Bachs zu vernachlässigen, die ihr allein durch ihre kompositorische Stimmigkeit eignet.

Dreifache Rezeption heute:
im Hören, Denken und Glauben

Bachs überragender Erfolg bei seinen heutigen Hörern gründet wohl in der mehrfachen Qualität seiner Musik. Auf der einen Seite steht die unbestrittene ästhetisch-musikalische Qualität, auf der anderen zugleich die spirituell-theologische. Entscheidend wird es sein, diese beiden Grundqualitäten nicht gegeneinander auszuspielen, sondern etwa die satztechnische Perfektion als Möglichkeit zur musikalischen Darstellung von Weihnachten zu begreifen. Umgekehrt ist die weihnachtlich-textliche Vorgabe mehr als ein beliebiges Thema, nämlich die Inspirationsquelle Bachs zu solch höchstrangiger Musik. Nicht um ein musikalisch-theologisches Entweder–Oder geht es, sondern um das für Bach typische Sowohl – als auch.

In Wort und Ton eröffnet das Weihnachtsoratorium eine dreifache Möglichkeit der Rezeption, die auch wichtig werden kann für die praktische Interpretation im Singen und Spielen, mithin für das »Machen« der Musik. Das *emotionale* Hören Bach'scher Musik ist grundlegend für jedes musikalische Verstehen und meint das Affiziert-Sein bis hin zum innerlichen Mit-Spielen. Aber das genügt sich nicht selbst, sondern kann begleitet sein von *rationalen* Aspekten des Wissens. Diese wiederum stören das Hören nicht, sondern inspirieren es, wie auch das Hören dazu inspirieren kann, tiefere Fragen des Wissens zu stellen. Deshalb bewegt sich diese Einführung im Wechselspiel von Hören und Denken, die sich gegenseitig befruchten und bereichern. Zugleich wollen wir den Horizont des Verstehens zumindest offen halten für jene Aspekte, die man heute *spirituell* nennt. Für die Liturgie ist dieses konzertante Werk ja entstanden. Es ist große Musik und klingende Bibelauslegung zugleich. Indem Bachs Musik zu hören ist (emotional) und zu denken gibt (rational), kann sie auch zur Sprache des Glaubens werden (religiös). Den letztgenannten Aspekt – Musik als Verkündigung und als komponiertes Gebet – einzubeziehen erfordert Umsicht. Wir gehen dabei bisweilen über das »Historische« hinaus, aber nicht in ein subjektives Niemandsland, sondern in die dem Glauben eigene Gewissheit, die das Hören und Denken unabdingbar als Grundlage braucht.

Welche Resonanz findet Bachs Weihnachtsoratorium heute – jenseits von vorschneller Aktualisierung und von musealer Musikpflege? Die Bach-Rezeption bewegt sich zwischen den Polen Ästhetik und Symbolik.

Sie kann sowohl künstlerische als auch verkündigende Schwerpunkte setzen. Ein literarisches Beispiel, wie beides zur Geltung kommt, ist das »Echo« des Weihnachtsoratoriums in einem Gedicht der Theologin Dorothee Sölle (1929–2003).[20]

Dorothee Sölle
Weihnachtsoratorium

Trompeten und pauken
königsinstrumente
man benutzt sie in palästen

Flöten und hörner
hirteninstrumente
man spielt sie im dorf

Aber jsb hat sich das anders gedacht
bei hofe erklingen die sanften
tonfarben der hirten

Im stall
frohlocken die königsklänge
im ausländerwohnheim
schlagen die pauken
ein anderes glück

Blick in die Originalquellen: Textdruck und Partiturautograph

Erleichtert wird die Interpretation des Weihnachtsoratoriums durch zwei Quellen, die glücklicherweise erhalten und zudem in Faksimile-Ausgaben leicht zugänglich sind: der originale *Textdruck* von 1734, in dem die damaligen Gottesdienstbesucher den Wortlaut des gesamten Oratoriums mitverfolgen konnten, sowie die autographe *Partitur*,[21] die ursprünglich aus sechs separaten Teilen bestand, weil Bach nie einen neuen Teil auf noch freien Seiten des vorigen Bogens begonnen hat. Daraus ist wohl auch zu schließen, dass ursprünglich jeder Teil mit Partitur und Stimmen in einem eigenen Umschlag aufbewahrt wurde,[22] was wiederum der Bach'schen Kantaten-Aufführungspraxis genau entspricht. Erhalten sind zudem die Einzelstimmen des Werkes. Sie sind größtenteils von Schülern kopiert und von Bach eigenhändig revidiert worden; einige wenige Stimmen hat Bach selbst geschrieben.[23]

Vom originalen Textdruck für die Hörer der ersten Aufführung 1734/35 hat sich offenbar nur ein einziges Exemplar erhalten. Der Druck umfasst ausschließlich das Weihnachtsoratorium (und nicht noch zuvor oder danach aufgeführte Kantaten), was wiederum die Einheit des Werkes betont. Die Differenzierung zwischen dem Secco-Rezitativ des Evangelisten und den frei gedichteten und begleiteten Rezitativen (Accompagnati) wahrt der Textdruck, indem er zwischen »Evangelist« und »Recit.« unterscheidet. Es fällt auf, dass die verschiedenen Formgattungen in differenzierten Schriftgrößen (Typen) gesetzt sind, und zwar nach Wichtigkeit von der größten zur kleinsten Type in folgender Reihung: Bibeltext, Tutti (Chöre) und Arien, Choralstrophen und frei gedichtete Rezitative. Dadurch wird auch Bachs simultane Vermischung von Formen – wie Rezitativ und Choral in den Sätzen 7, 38 und 40 – bereits im Textdruck anschaulich.

Nicht unwichtig sind einige Differenzen zwischen Textdruck und Partitur, die sich kaum anders erklären lassen als durch die Annahme, dass Bach den mit dem Librettisten abgesprochenen und vermutlich von der Kirchenbehörde bereits genehmigten Wortlaut im Verlauf der Komposition verschiedentlich doch noch einmal verändert hat.[24] Auch diese späten Änderungen ermöglichen instruktive Einblicke in Johann Sebastian Bachs kompositorische Werkstatt zum Weihnachtsoratorium.

Als »Probe aufs Exempel« wird in dieser Werkeinführung jedem Teil des Weihnachtsoratoriums nicht nur der komponierte Text, sondern auch ein kleiner Ausschnitt aus Bachs Partitur vorangestellt. Ausgewählt wurden vor allem Passagen, in denen der Komponist nachträglich Korrekturen vorgenommen hat, die von der Änderung bestimmter Details bis hin zur völligen Neukomposition reichen. Solche »Blicke in Bachs Werkstatt« zeigen, dass die uns heute so vertraute endgültige Gestalt des Werkes keineswegs immer Bachs erster kompositorischer »Anlauf« war, sondern nicht selten Ergebnis seines unermüdlichen Feilens und Korrigierens. Insbesondere das Niederschreiben von Text und Noten als die letzte Phase des Komponierens wird so als Prozess deutlich, bei dem hinter der endgültigen Werkgestalt bisweilen noch anfängliche Ideen und Alternativen durchscheinen.

TEIL I

»Jauchzet, frohlocket, auf, preiset die Tage«

Majestät in Armut
Das Krippenkind als Weltenherrscher

Blick in die Werkstatt

Der Eingangschor zum ersten Teil des Weihnachtsoratoriums weist kaum Korrekturen auf und zeigt somit typischen Reinschriftcharakter. Bach übernahm diese Musik ja weitgehend notengetreu aus der Glückwunschkantate »Tönet, ihr Pauken! Erschallet, Trompeten!«.

Die wenigen Korrekturen aber sind sehr aufschlussreich. Offenbar war Bach in sein Abschreiben der Noten so sehr vertieft, dass er darüber sogar vergessen hat, den Wortlaut zu ändern. Beim ersten und zweiten Einsatz des Chores (T. 33–46; 89–100) schreibt er versehentlich »Tönet, ihr Pauken, erschallet, Trompeten!« unter die Noten. Diese Textierung ist dann durchgestrichen und in »Jauchzet, frohlocket, auf, preiset die Tage« korrigiert, im Sopran und Bass über bzw. unter den Noten. Oder sollte vielleicht zunächst auch das Weihnachtsoratorium mit der Aufforderung »Tönet, ihr Pauken! Erschallet, Trompeten!« beginnen?

Die ebenfalls im Sopran noch schwach zu erkennende Korrektur der Anfangstakte um eine Oktav nach oben stammt nicht von J. S. Bach. Befolgte man sie, hätte das einen kleinen Vorteil und einen großen Nachteil: Gewonnen wäre mehr Klangfülle, verloren ginge jedoch die Imitation der Pauken (als tiefe Instrumente) sowie der symbolträchtige Ambitus des Soprans über zwei Oktaven von a bis a^2.

Eine rhythmische Detailkorrektur betrifft (im 5. bis 8. System von oben) den Einsatz der Flöten und Oboen. Deren flirrendes Motiv schärft Bach nachträglich durch Einfügen einer Sechzehntelpause am Taktbeginn sowie die Änderung der beiden ersten Noten aus Sechzehntel in Zweiunddreißigstel. Dies deutet wohl auf ein etwas langsameres Tempo des geistlichen Werkes im Vergleich zur weltlichen Vorlage hin. Nicht zuletzt kommt das dem Chor zugute, weil die Silben »Jauch-zet, frohlo-cket« sich nicht ganz so rasch deklamieren lassen wie »Tö-net ihr Pau-ken«.

Text und Besetzung

1. Coro [S, A, T, B, Trba. I–III, Timp., Fl. I, II, Ob. I, II, Str., B.c.]

Jauchzet, frohlocket, auf, preiset die Tage,
Rühmet, was heute der Höchste getan!
Lasset das Zagen, verbannet die Klage,
Stimmet voll Jauchzen und Fröhlichkeit an!
   Dienet dem Höchsten mit herrlichen Chören,
   Lasst uns den Namen des Herrschers verehren!

2. Evangelista [T, B.c.]

»Es begab sich aber zu der Zeit, dass ein Gebot von dem Kaiser Augusto aus-
ging, dass alle Welt geschätzet würde. Und jedermann ging, dass er sich schätzen ließe, ein jeglicher in seine Stadt. Da machte sich auch auf Joseph aus Ga-
liläa, aus der Stadt Nazareth, in das jüdische Land zur Stadt David, die da
heißet Bethlehem; darum, dass er von dem Hause und Geschlechte David
war, auf dass er sich schätzen ließe mit Maria, seinem vertrauten Weibe, die
war schwanger. Und als sie daselbst waren, kam die Zeit, dass sie gebären
sollte.«

3. [Recitativo. A, Ob. d'am. I, II, B.c.]

Nun wird mein liebster Bräutigam,
Nun wird der Held aus Davids Stamm
Zum Trost, zum Heil der Erden
Einmal geboren werden.
Nun wird der Stern aus Jakob scheinen,
Sein Strahl bricht schon hervor.
Auf, Zion, und verlasse nun das Weinen,
Dein Wohl steigt hoch empor!

4. Aria [A, Ob. d'am. I + Viol. I, B.c.]

Bereite dich, Zion, mit zärtlichen Trieben,
Den Schönsten, den Liebsten bald bei dir zu sehn!
   Deine Wangen
   Müssen heut viel schöner prangen,
   Eile, den Bräutigam sehnlichst zu lieben!

5. Choral [S, A, T, B, B.c. (+ Hbl., Str.)]

Wie soll ich dich empfangen?
Und wie begegn' ich dir?
O aller Welt Verlangen!
O meiner Seelen Zier!

O Jesu, Jesu, setze
Mir selbst die Fackel bei,
Damit, was dich ergötze,
Mir kund und wissend sei!

6. Evangelista [T, B. c.]

»Und sie gebar ihren ersten Sohn und wickelte ihn in Windeln und legte ihn
in eine Krippen, denn sie hatten sonst keinen Raum in der Herberge.«

7. Choral + Recitativo [S, B, Ob. d'am. I, II, B. c.]

Er ist auf Erden kommen arm,
Wer will die Liebe recht erhöhn,
Die unser Heiland vor uns hegt?
Dass er unser sich erbarm
Ja, wer vermag es einzusehen,
Wie ihn der Menschen Leid bewegt?
Und in dem Himmel mache reich
Des Höchsten Sohn kömmt in die Welt,
Weil ihm ihr Heil so wohl gefällt,
Und seinen lieben Engeln gleich.
So will er selbst als Mensch geboren werden.
Kyrieleis!

8. Aria [B, Trba. I, Fl. + Str., B. c.]

Großer Herr, o starker König,
Liebster Heiland, o wie wenig
Achtest du der Erden Pracht!
Der die ganze Welt erhält,
Ihre Pracht und Zier erschaffen,
Muss in harten Krippen schlafen.

9. Choral [S, A, T, B, Trba. I–III, Timp., B. c. (+ Hbl., Str.)]

Ach mein herzliebes Jesulein,
Mach dir ein rein sanft Bettelein,
Zu ruhn in meines Herzens Schrein,
Dass ich nimmer vergesse dein!

Der Aufbau: Advent und Weihnachten

Teil I des Oratoriums lotet eine erste weihnachtliche Paradoxie aus, die tief verwurzelt ist in der Bibel und ihrer theologischen Auslegung aller Epochen und Konfessionen. Zweifach wird das Krippenkind besungen, nämlich als armes Kind, in einem Futtertrog liegend (»Er ist auf Erden kommen arm«), und als majestätischer Weltenherrscher (»Großer Herr, o starker König«). Diese dialektische Spannung von arm und reich ist überaus wichtig, weil sie auf Jesus als die »Hauptperson« zielt und unmittelbar musikalisch inspirierend wirkt. Bach verschränkt sie mit zwei weiteren Polaritäten: mit der heilsgeschichtlich-dramaturgischen Polarität von adventlicher Erwartung und weihnachtlicher Erfüllung sowie der predigthaften Polarität von historischer Darstellung (Richtung nach vorn) und persönlicher Aneignung (Richtung nach innen). Mit Letzterem ist nichts anderes gemeint als die Frage, wo Jesus denn geboren wird. Die vielen Antworten christlicher Spiritualität, insbesondere in ihren mystischen Spielarten, lassen sich auf einen zweifachen Nenner bringen: zu Bethlehem *und* in jeder Menschenseele. Mit den Worten des Angelus Silesius (1624–1677):

> »Wird Christus tausendmal zu Bethlehem geboren
> Und nicht in dir: du bleibst noch ewiglich verlorn.«[1]

Um den majestätischen Aspekt – als wichtigstes aller bislang genannten Themen – zur Geltung zu bringen, ordnet Bach dem Eingangsteil des Oratoriums zwei besonders repräsentative Sätze zu, die er beide der Kantate »Tönet, ihr Pauken!« entnimmt. Im Hintergrund seiner Entscheidung mag die Überlegung gestanden haben, dass diese Musik ja dem 25. Dezember als höchstem Festtag der Weihnachtszeit zugedacht ist. Bach wählt den größtbesetzten und ausgedehntesten Chor »Tönet, ihr Pauken!« sowie die einzige mit Trompete besetzte Arie »Kron und Preis gekrönter Damen«. Die Übernahme in das Weihnachtsoratorium ist jeweils mit der Beibehaltung der Tonart D-Dur verbunden – eine erste Entscheidung zur tonartlichen Disposition, auf die der Komponist bei den weiteren Sätzen dann Rücksicht nehmen musste.

Die Einteilung des Evangeliums in zwei Abschnitte erfolgt an einer eher unüblichen, aber wohldurchdachten Stelle, nämlich zwischen der Ansage der Geburt »dass sie gebären sollte« und der Aussage »und sie gebar«. Unter der Voraussetzung, in zwei analog gebauten, aber steigernd angelegten Teilen zunächst die adventliche Erwartung und dann die weihnachtliche Erfüllung zu musikalisieren, ist diese Einteilung des biblischen Berichts wohl die sinnvollste.

Nach dem Vortrag des Evangelisten (der »Lesung«) umfasst der erste Abschnitt mit dem Thema der *adventlichen Erwartung* die Nummern 3 bis 6, also das Accompagnato »Nun wird mein liebster Bräutigam« (Betrachtung heilsgeschichtlich), die Arie »Bereite dich, Zion« (Betrachtung existenziell-erotisch) und den Choral »Wie soll ich dich empfangen« (persönliche Aneignung in der Sprache der Gemeinde). Diese Liedstrophe beschließt den ersten Abschnitt, indem sie zugleich den zweiten ankündigt: Was »mir kund und wissend sei«, ist ja nichts anderes als die sogleich folgende Botschaft des Evangeliums von der Geburt Jesu. Auch musikalisch ergibt sich eine Art Brücke durch die Harmonisierung der letzten Choralzeile mit einem »offenen« phrygischen Schluss auf E, dessen harmonische Spannung sich eigentlich erst im anfänglichen A-Dur-Klang des folgenden Accompagnatos löst.

Der zweite Abschnitt handelt von der *weihnachtlichen Erfüllung*, wiederum im Duktus von Bericht, Erläuterung und Aneignung, nun allerdings in konsequenter Überbietung des ersten Abschnitts auf jeder einzelnen Stufe. Die Fortsetzung des biblischen Berichts, nun auf H beginnend, ist von Anfang an emphatischer als die erste Rede des Evangelisten. Nach dem Evangelisten erklingt nun nicht ein Accompagnato wie im ersten Abschnitt, sondern die Choralstrophe »Er ist auf Erden kommen arm« mit rezitativischem Kommentar des Basses. Sodann wird die Arie »Großer Herr, o starker König« durch das Soloinstrument der Trompete von der ersten Arie abgehoben. Und selbst noch der Schlusschoral »Ach mein herzliebes Jesulein« ist eine überhöhende Steigerung nicht nur des ersten Chorals »Wie soll ich dich empfangen?« (Erwartung–Erfüllung), sondern auch des zweiten »Er ist auf Erden kommen arm« (Armut–Majestät). Drei Liedstrophen erklingen somit im ersten Teil des Oratoriums: der vierstimmige Choral »Wie soll ich dich empfangen?« sowie zwei »kommentierte Choräle«, deren erster »Er ist auf Erden kommen arm« vokal vom Solo-Bass kommentiert wird, der zweite hingegen instrumental, doch – nach der »semantischen Identifizierung« des Trompetenklangs im Eingangschor und der Arie Nr. 8 als Musik-Sprache der Majestät – nicht weniger eindeutig.

Der Eingangschor:
»Jauchzet, frohlocket, auf, preiset die Tage« (1)

Nicht viele Werke der musikalischen Weltliteratur können mit einem ähnlich effektvollen Beginn aufwarten wie Bachs Weihnachtsoratorium. Markante Paukenschläge ertönen: ein fünftöniges Initialmotiv, das sogleich rhythmisch durch paukentypische Repetitionen gesteigert wird und dem beim Einsatz des Chores die Worte »Jauchzet, frohlocket!« unterlegt werden. Mit größter Energie eröffnet Bach den Jubelchor als Beginn des ersten Teils und somit zugleich als »Exordium« (markanter Anfang einer Rede oder Klangrede) des Gesamtwerkes in dreiteiliger Dacapo-Form (A-B-A). Bekanntlich ist dies eine seiner berühmtesten Parodien. Im »Original« bildet die musikalische Einsatzfolge präzise den Text ab, wodurch dessen eindringliche Aufforderung sich musikalisch schon unmittelbar ereignet, noch bevor überhaupt ein Wort erklungen ist:

Auftritt des musikalischen Ensembles …

Tönet, ihr Pauken!	Pauken
Erschallet, Trompeten!	Trompeten
Klingende Saiten, erfüllet die Luft!	Streicher
Singet itzt Lieder, ihr muntren Poeten!	Vokalisten

… mit dreifachem »Vivat« auf die Königin

Königin lebe! wird fröhlich geruft.	Hauptperson: die Königin
Königin lebe! dies wünschet der Sachse,	die huldigenden Untertanen
Königin lebe und blühe und wachse!	Steigerung des Herrscherlobes

Nach den aufrüttelnden Paukenschlägen, gestützt nur von einem Akkordschlag des Continuo und sich fortsetzend in einer trillernden Figur der Flöten und Oboen, fallen die Trompeten mit ihrem dreifach gestaffelten, jeweils fanfarenhaft aufwärts strebenden Signal ein. Die Streicher wiederum tragen eine ungestüme Abwärtsbewegung in das komplexe Klangbild ein. Der Chor schließlich repräsentiert die herbeigeeilte Schar der »muntren Poeten«. Allein der hohe trillernde Einwurf der Holzbläser als klanglicher Kontrapunkt zur tiefen Pauke hat keine direkte Entsprechung im gesungenen Text.

Im Weihnachtsoratorium bleibt die Musik. Doch es ändert sich der Text, was die konkrete Entsprechung zwischen Wort und Ton »verallgemeinert« zu einer musikalisch-textlichen Konsonanz des freudigen Affektes.

Jauchzet, frohlocket,	Affekt-Imperativ
auf, preiset die Tage,	Anlass und Zeitraum
Rühmet, was heute der Höchste getan!	Aktualität: »hodie«
Lasset das Zagen, verbannet die Klage,	ex negativo
Stimmet voll Jauchzen und Fröhlichkeit an!	Musik: stimmet an!
Dienet dem Höchsten mit herrlichen Chören.	Kontrast: dienet!
Lasst uns den Namen des Herrschers verehren!	Überleitung zum Dacapo

Jetzt führt die Musik nicht mehr exakt aus, was die Worte besagen, und doch »spiegelt« sie majestätisch und virtuos die freudig-weihnachtliche Stimmung. Aufgegeben ist die Wort-Ton-Einheit des *Sensus*, die wichtigere des *Skopus* aber bleibt erhalten (vgl. das Glossar). Dass das Wort-Ton-Verhältnis ursprünglich noch dichter war, fällt uns ohnehin nur auf, weil wir die weltliche Vorlage kennen. Bei manchen Sätzen im geistlichen Vokalwerk Bachs mögen ähnliche Umarbeitungen vorliegen, die sich aber – bei nicht mehr erhaltener Vorlage – kaum noch erahnen lassen, weil die gekonnt ausgeführte Bearbeitung kein merkliches Defizit zwischen Wort und Ton aufweist.

Der freudige Affekt ist das Erste, was der Text nennt, und zwar im Modus des Imperativs: »Jauchzet! Frohlocket!« – hinter jedes Wort setzt der Textdruck ein Ausrufungszeichen. Dann ein Impuls für alle, die noch träge herumsitzen: »auf!« als wahrhaft aufrüttelnde Geste. »Preiset die Tage« bezieht sich bereits auf das Gesamtwerk, denn nicht weniger als sechs Festtage in einem Zeitraum von zwei Wochen sind in Wort und

Ton zu preisen. »Heute« aber, am Ersten Weihnachtstag, beginnt das Rühmen dessen, was »der Höchste getan« hat. Die doppelte Formulierung mit »Tagen« und »heute« nennt also poetisch beide Funktionen dieses Exordiums. Bibelkundige Hörer assoziierten beim Stichwort »heute« wohl auch schon die Engelsbotschaft »Heute ist euch der Heiland geboren« oder gar den liturgischen Wortlaut »Hodie Christus natus est«.

Dann erklingt der Weihnachtsjubel zweifach ex negativo: »Lasset das Zagen, verbannet die Klage«, wobei Bach auf den Sensus der Worte »Zagen« und »Klagen« freilich nicht musikalisch eingeht, weil ja der Skopus des Jubels dominieren soll; und dieser geht dann gleich wieder in den auffordernden Gestus des Anfangs über: »stimmet voll Jauchzen und Fröhlichkeit an!« Diese letzte Zeile klingt wie ein fernes Echo der weltlichen Vorlage, weil auch hier die Musik durch die Stichworte »mit herrlichen Chören« (und »Stimmet an«) eigens thematisiert wird. Zugleich erhält die Schlusszeile im musizierten Duktus die Funktion einer fast »anmoderierenden« Überleitung. Ihr auffordernddes »Stimmet an!« wird tatsächlich und unmittelbar ausgeführt, wenn die Pauke erneut einsetzt und es bekräftigend heißt: »Jauchzet, frohlocket, auf, preiset die Tage!«

Betrachten wir diesen Chor noch genauer: Nach dem schon beschriebenen Eingangsritornell, das mit einer langen Umspielung des D-Dur-Akkords einsetzt, gestaltet Bach den Vokalteil A in zwei Abschnitten, die durch ein Zwischenspiel (T. 81–87) voneinander getrennt sind. Beide Abschnitte zählen 49 Takte und haben in der Mitte eine imitatorische Partie »Lasset das Zagen«, die von ritornellgebundenen Partien flankiert wird. Seine spielerische Vehemenz gewinnt der Rahmenteil durch die Abwechslung zwischen vokaler und instrumentaler Dominanz. Den instrumentalen Gesten mit Paukenschlag, Trompetenfanfare und Streicherkaskade steht, ab Takt 9 exponiert, ein in ganzen Takten ausschwingendes freudiges »Tanzlied«[2] gegenüber, das der Chor ab Takt 43 übernimmt.

Der demütige Mittelteil (T. 138–201) »Dienet dem Höchsten mit herrlichen Chören« in der Paralleltonart h-Moll ist kontrastierend gearbeitet und beginnt im Unterschied zum instrumental geprägten Rahmenteil mit typisch vokaler Motivik, zu der die Streicher getupfte piano-Akkorde spielen. Dieser Kontrast entspricht den Worten des Weihnachtsoratoriums – zunächst »Jauchzen«, dann »Dienen« – durchaus, hat aber merkwürdigerweise keinen textlichen Anhalt in der Vorlage. Dort schließt der A-Teil mit »Königin lebe! wird fröhlich geruft« und der Mittelteil setzt dies fort mit den Worten »Königin lebe! dies wünschet der Sachse«. Helmuth Rilling[3] folgert daraus, dass diese Musik eher zum Text des Weihnachtsoratoriums erfunden wurde als zur Huldigungskantate. Mit Sicherheit lässt sich das freilich nicht sagen, denn Bach könnte die Ähnlichkeit der Worte auch absichtlich mit kontrastierender Musik »kontrapunktiert« haben. Zusätzlich gestützt wird Rillings These allerdings durch die Beobachtung, dass auch die »herrlichen Chöre« im geistlichen Text eine Entsprechung in der angedeuteten Mehrchörigkeit von Blechbläsern, Holzbläsern, Streichern und Vokalisten haben – eine Konvergenz, die wiederum nur für das Weihnachtsoratorium zutrifft, nicht aber für die Vorlage. Vielleicht gab es auch schon früh zumindest für einige Sätze einen werkübergreifenden Plan, mit dem Bach und sein Librettist einige Grundthemen und Affekte sowohl für die Vorlagen als auch für die betreffenden Sätze des Weihnachtsoratoriums festgelegt haben. Hat Bach also schon bei der Komposition der »Vorlagen« die Thematik des Weihnachtsoratoriums im Blick gehabt? Das würde bedeuten, dass die unbestrittene zeitliche Priorität der »Urbilder« zum Weihnachtsoratorium nicht zugleich eine Priorität im Wort-Ton-Verhältnis bedeuten muss.

Die adventliche Erwartung

Evangelist: »Es begab sich aber zu der Zeit« (2)

Nach dem Eingangschor in strahlendem D-Dur setzt das erste Rezitativ des Evangelisten in der Paralleltonart h-Moll ein. Die »Trompetentonart« D-Dur repräsentiert im ersten Teil des Oratoriums die Majestät des Gottessohnes (»Jauchzet, frohlocket«, »Großer Herr, o starker König«, »Ach mein herzliebes Jesulein«), die Molltonarten verweisen auf komplementäre Aspekte wie dessen Armut oder auf die Stimmung der Erwartung. In h-Moll steht dieses erste Rezitativ des Evangelisten, in a-Moll die Alt-Arie »Bereite dich, Zion« und auf e-phrygisch der modale Choral »Wie soll ich dich empfangen?«.

Da wir das zweite Rezitativ ausführlich interpretieren werden, seien hier nur wenige Details erwähnt. Bach bevorzugt in seinen Passions- und Oratorienrezitativen für den Beginn eines Satzes die aufsteigende Quart. Das praktiziert er hier beim ersten biblischen Vers (»Es begab sich aber«)

und beim letzten (»Und als sie daselbst waren«), wobei der Schlussvers (T. 17) eine Quint höher erklingt als der Beginn. Dazwischen strebt Bach nach Abwechslung und Steigerung. So wählt er als »Initium« (melodische Einleitungsformel) des zweiten Verses die Quint abwärts, wohingegen der dritte zu den Worten »da machte sich auch auf Josef« energisch zur Quart zurückkehrt. Der vierte Vers steigert das Grundintervall zur übermäßigen Quart. Überzeugend klingt Bachs musikalische Zeichnung der biblischen Personen Josef und Maria. Wenn vom Aufbruch Josefs die Rede ist, hören wir den schon erwähnten Quartsprung, wobei jetzt zudem die Grundtonart D-Dur wieder erreicht ist. Die Passage, die Maria gewidmet ist, verweilt hingegen empfindsam auf dem Septakkord über Cis, der sich erst zum Wort »schwanger« nach fis-Moll löst. Und nur ein einziges Melisma, eine melodische Verzierung, gestattet Bach sich in diesem Rezitativ, nämlich beim entscheidenden Wort »gebären«. Dessen melodische Hervorhebung gleicht die metrische »Nicht-Betonung« aus, die zur Folge hat, dass das futurische »sollte« einen gewissen Akzent erhält, was wiederum die gleich folgende adventliche Deutung der Bibelworte vorbereitet.

Accompagnato: »Nun wird mein liebster Bräutigam« (3)

In A-Dur setzt das erste Accompagnato ein. Dies schafft eine gewisse Distanz zum biblischen Bericht, die sinnlich erfahren und dann überwunden werden soll. Überaus kunstvoll und schlüssig ist die poetischzeitliche Struktur des Textes. Nach dreimaligem, fast beschwörendem Futur – »nun wird werden«, »nun wird« – nähert sich der Text dem weihnachtlichen Geschehen mit zwei präsentischen, zudem komplementären Bildern der Bewegung: »sein *Strahl* bricht schon hervor« (Katabasis, von oben nach unten) und »dein *Wohl* steigt hoch empor« (Anabasis, von unten nach oben). Ähnlich kunstvoll-stringent wie die Grammatik gestaltet der Librettist das Vokabular. Biblische Motive und Bilder aus der Natur durchdringen sich, indem das Kommen des Heilands zunächst mit Titeln der alttestamentlichen Erwartung wie »Bräutigam« (Hohelied) und »Held aus Davids Stamm« benannt wird, dann aber die visuellen Sinnbilder »Stern« und »Strahl« als Verstehenshilfen für diese Ankunft in den Text gemischt werden. Emphase und Bild ergänzen sich schließlich in der letzten Zeile, wenn das harmonisch in herber Dissonanz dargestellte »Weinen« sich im Bild der aufsteigenden Freude löst, mit dem die Sängerin ihren höchsten Ton erreicht und die Harmonik sich in die Oberdominante E wendet. Geradezu ideal vereint dieses Accompagnato die biblisch-alttestamentliche Inspiration mit der musikalischen.

Wer aber ist »*Zion*«, die das Weinen verlassen und sich »bereiten« soll? Jeder kennt diese Gestalt aus dem Lied »Tochter Zion, freue dich«. Ursprünglich meint Zion einen Ort, nämlich den Tempelberg in Jerusalem. Zugleich ist Zion im Alten Testament Symbolbegriff für die endzeitliche »himmlische Stadt«[4] und für Gottes Volk. Die »Töchter Zion« wiederum sind diejenigen, die den verheißenen Messias wie einen Bräutigam erwarten. Sie sind krank vor unerfüllter Liebe (Hld 5,8), deshalb weinen sie. Entscheidend ist aber die an sie ergangene Verheißung ewiger Freude, die sie ergreifen wird, wenn ihr Freund vom Himmel kommt. »Zion hört die Wächter singen, das Herz tut ihr vor Freuden springen, sie wachet und steht eilend auf« heißt es in der zweiten Strophe von Philipp Nicolais »Wächterlied« zu Matthäus 25, dem Gleichnis von den klugen und törichten Jungfrauen.

In seiner Spiritualität hat das Christentum sich mit Zion identifiziert und zugleich die messianischen Verheißungen des Alten Testament auf Christus übertragen. Das Verhältnis »Zion – Messias« wurde so umgeformt in »Christen – Jesus«. Diese christologische Deutung ist legitim, zur Bachzeit wie in unserer Gegenwart. Sie wird jedoch höchst problematisch, wenn sie mit einer Abwertung des Judentums einhergeht. Seien wir froh, dass das in Bachs Weihnachtsoratorium – im Unterschied zu seinen Passionsmusiken[5] – nicht der Fall ist.

»Bereite dich, Zion, mit zärtlichen Trieben« (4)

Im Accompagnato wurde Zion »von außen« angesprochen. Jetzt geschieht eine Intensivierung »nach innen«, denn Zion spricht zu sich selbst in einer Art geistlichem Selbstgespräch voller Sehnsucht. Bei der Interpretation dieser Arie achten wir besonders auf Bachs Parodieverfahren. Die Übereinstimmung zwischen Vorlage und Parodie beschränkt sich zunächst auf Formales wie Versmaß, Reimschema und Strophenform, »während die Inhalte denkbar verschieden sind«.[6] Dennoch sind Bach zwei eigenständige und zugleich durch das Parodieverfahren aufs Engste miteinander verbundene künstlerische Werke gelungen, auf deren Verbindung wohl kein Interpret aus freien Stücken käme. Der Wortlaut der Vorlage lautet:

Ich will dich nicht hören, ich will dich nicht wissen,
Verworfene Wollust, ich kenne dich nicht.
  Denn die Schlangen,
  So mich wollten wiegend fangen,
  Hab ich schon lange zermalmet, zerrissen.

Wie bewerkstelligt Bach den völligen Stimmungsgegensatz, der sich uns als ästhetischer Eindruck aufdrängt, wenn wir beide Stücke im Vergleich hören? Entscheidend verändert sind zunächst der Kontext durch die Einstimmung des Accompagnato, außerdem die Besetzung und vor allem die Artikulation sowie, damit verbunden, das Tempo. So entsteht mit den meisten »alten Noten« und veränderter Textierung ein völlig neues Stück. Dabei spielt freilich auch die musikalische Interpretation eine überaus wichtige Rolle. Die Solistin muss die Erwartung dieses Satzes ausstrahlen, die Instrumentalisten erwartungsvoll und quasi-introvertiert agieren, also gerade nicht wie bei der Herkules-Kantate aufpeitschend extrovertiert. Zu emphatisch-verzückten Ausrufen werden die Worte »den Schönsten«, »den Liebsten« – im Original waren es die erregten Zwischenrufe »ich will nicht«, »ich mag nicht«. Ludwig Finscher betont zu Recht, dass die Qualität dieser Musik nicht in der Textauslegung aufgeht. Bach komponiert einen Satz, dessen Qualität auf seiner inneren Logik basiert. Der musikalische Sinnzusammenhang wäre auch ohne jeglichen Text vorhanden.

Stand beim A-Teil bereits in der Vorlage das Emphatische im Mittelpunkt, wendet der Mittelteil dies in Figuren der Abbildlichkeit, die im Verfahren der Parodie ja problematisch werden können, wenn der neue Text sich gegen sie sperrt. Die »Schlangen« erklingen im Continuo als sich schlängelnde Bewegung. Dass Herkules sie »zermalmen und zerreißen« will, übersetzt Bach in Pausenfiguren, die als »Tmesis« (Zerschneiden einer musikalischen Linie) mit dem zusätzlichen Charakter der »Abruptio« (plötzliches Abreißen der Linie) deutbar sind. Gerade weil der Mittelteil der Vorlage von der Betonung des Sensus ergiebiger Worte lebt, passt die Musik zum neuen Text nur noch bedingt. Deshalb verzichtet Bach auf eine notengetreue Übernahme zugunsten subtiler Änderungen. Den Beginn mit den Schlangen im Continuo behält er bei, denn diese textgezeugte Melodik rückt durch das Fehlen »ihres« Textes in eine gewisse Neutralität. Sie wirkt nicht mehr dezidiert als Auslegung, sondern quasi-formal als Abwechslung, die ja bekanntlich erfreut. Das »Prangen« der Wangen erklingt in sequenzartiger Steigerung durchaus passend, beim Wort »eilen« jedoch verschärfen sich die Schwierigkeiten. Einen lang gehaltenen Ton lässt Bach noch »durchgehen«, weil die Instrumente dazu den Eindruck des Eilens erwecken; zu »sehnlichst« passt der Halteton dann sogar recht gut. Die Figuren bei »zermalmet, zerrissen« aber sind auf die Worte »sehnlichst zu lieben« denkbar ungeeignet, so dass Bach hier eine neue melodische Linie einfügt, mit der er den Satz zugleich um zwei Takte verlängert. Schließlich revidiert er an dieser Stelle auch die Schlangenfigur im Continuo.

zer - mal-met, schon lan - ge zer - ris - sen, zer-mal-met, zer - ris - sen.

Arie »Ich will dich nicht hören, ich will dich nicht wissen« aus der Kantate »Lasst uns sorgen, lasst uns wachen« (BWV 213)

den Bräu - ti-gam sehn - - lichst zu _ lie - ben, ei - le, _

den Bräu - ti - gam sehn-lichst zu lie - ben;

Erweiternde Bearbeitung in der Arie »Bereite dich, Zion, mit zärtlichen Trieben« (BWV 248)

Die Arie »Bereite dich, Zion« ist ein Musterbeispiel für kompositorisch-satztechnische Qualität. Doch was sind die Kriterien solcher Qualität? Zum Beispiel der innere Zusammenhang, der dadurch entsteht, dass im gesamten A-Teil kein einziger Takt zu hören ist, der nicht aus der im Anfangsritornell exponierten Motivik abgeleitet ist. Diese 16taktige instrumentale Einleitung gliedert sich in einen zweigliedrigen, 4+4 Takte umfassenden Vordersatz (Takt 1–8), eine Fortspinnung (Takt 8–15) und die abschließende kurze Kadenz (Takt 15–16). »Zwischen Vordersatz und Fortspinnung herrscht ein relativer Kontrast, der sich in der Rhythmik (skandierend – fließend), Melodik (engräumig – weiträumig, vokal – instrumental), Harmonik (kadenzierend – modulierend), Satzstruktur (polyphon zweistimmig – begleitet monodisch) und im Formprinzip (symmetrisch – asymmetrisch zielstrebig) kundtut.«[7] Ein weiteres Moment musikalischer Logik liegt im großräumig-»architektonischen« Verhältnis zwischen Eingangsritornell und dem A-Teil, welcher sich symmetrisch in drei Abschnitte von 20, 16 und wiederum 20 Takten gliedert. Dabei kehrt das Eingangsritornell in der Altstimme zwei Mal wieder: zunächst im vollständigen Zusammenhang, nur bei virtuoser Motivik bisweilen zur Sanglichkeit vereinfacht, als Vokalpartie des 16taktigen Mittelteils; zudem aber auch hälftig geteilt – die erste Hälfte in den Takten 17–24, die zweite dann in den Takten 65–72 – in den beiden flankierenden Abschnitten.

Ähnlich stringent und zugleich steigernd gestaltet Bach die Möglichkeiten der kombinatorischen Zuordnung von Altstimme und Obligatstimme. Die Instrumente begleiten zunächst colla parte, d. h. die Singstimme verdoppelnd; sodann spielt Bach mit den Möglichkeiten der kurzgliedrigen Abwechslung und der simultan-kontrapunktischen Ergänzung. Am Beginn des B-Teils »Deine Wangen müssen heut viel schöner prangen« pausieren die obligaten Instrumente Oboe d'amore I und Violine I zunächst 13 Takte lang, wodurch der Textvortrag der solistischen Altstimme in den Vordergrund rückt. Wenn dann in der Mitte des B-Teils abermals der Vordersatz des Eingangsritornell in der Dominante erklingt (Takte 115–122), garantiert dies als weiteres Moment der kompositorischen Stringenz die innere Einheit der Teile A und B. Indem diese innermusikalische Logik im Mittelpunkt der Bach'schen Musik steht, fungiert sie zugleich als »Bedingung der Möglichkeit« für die vielen Facetten des Wort-Ton-Verhältnisses, die auch Bachs höchst inspirierten Umgang mit dem Parodieverfahren einschließen.

Choral: »Wie soll ich dich empfangen?« (5)

Gleich der erste vierstimmige Choral zeigt Bachs Meisterschaft in dieser miniaturähnlichen musikalischen Form. Die Melodie stammt von Hans Leo Hassler und gehört ursprünglich zum Tanzlied »Mein Gmüt ist mir verwirret, das macht ein Jungfrau zart«, welches mittels Kontrafaktur Eingang in die protestantische Liturgie und Geisteswelt fand, zunächst allerdings zu den Worten »Herzlich tut mich verlangen nach einem selgen End«.[8] Heutigen Ohren klingt die Melodie durch die dominierende Texturierung »O Haupt voll Blut und Wunden« explizit als Passionsmelodie, was zur Bachzeit aber noch nicht der Fall war. Vielmehr war das Adventslied von Paul Gerhardt, und neben ihm viele andere Lieder, in den meisten Gesangbüchern mit ebendiesem Cantus firmus verbunden. Eine Absicht Bachs, bereits hier den Gedanken der Passion in das Weihnachtsoratorium einzutragen, kann demnach nicht angenommen werden, auch wenn es spirituell sinnvoll sein mag, die Melodie so zu hören. Die von Bach gewollten Bezüge zur Passion hören wir im vierten Teil des Werkes.

Die Besonderheit von Hasslers Melodie für den Choralsatz ist die Modalität, also die Zugehörigkeit nicht zur Dur-Moll-Tonalität, sondern zum phrygischen Tongeschlecht der älteren Kirchentonarten. Paradoxerweise bietet eine modale Melodie weit mehr Möglichkeiten der Harmonisierung im Rahmen der ihr eigentlich von der Entstehung her fremden Tonalität als eine tonale. So könnte der erste Akkord dieses Choralsatzes beim Anfangston *e* nicht nur E-Dur oder e-Moll heißen, sondern auch C-Dur oder a-Moll. Besonders melodisch und geradezu individuell erklingt die chorische Altstimme. Der phrygische Schluss mit seinen empfindsamen Vorhalten fasst die Spannung von Erwartung und Erfüllung dann in einem einzigen Takt zusammen.

Die weihnachtliche Erfüllung

Evangelist: »Und sie gebar ihren ersten Sohn« (6)

Mit dem kurzen Rezitativ, in welchem der Evangelist die Geburt Jesu wie ein Zeuge (testo) berichtet (Lk 2,7), befassen wir uns ausführlich, weil in diesen fünf Takten Bachs ebenso musikalisch geordnete wie textausdeutende Kunst des rezitativischen Komponierens besonders deutlich wird.

Musikalisch ist bereits der *Wortlaut der Lutherbibel* in seinem regelmäßigen Satzbau. In Bachs Komposition werden die Worte dann, wie bei einem Rezitativ zu erwarten, im Sprechduktus rhythmisiert, wobei der musikalische Verlauf zugleich den Satzbau getreu abbildet. Jede einzelne, jeweils ein Verb enthaltende Phrase ist von der nächsten durch eine Achtelpause abgesetzt, so dass sich insgesamt eine ebenso natürliche wie regelmäßige erzählerische Bewegung der Rede ergibt, in die alle Verben einbezogen sind: »gebar« – »wickelte« – »legte« – »hatten«. Zudem sind alle Phrasen rhythmisch so eingerichtet, dass die betonte Silbe des Verbs auf die dritte Zählzeit des jeweiligen Taktes fällt. Da die letzte Phrase länger ist als die vorigen, gibt es im fünften Takt allerdings kein

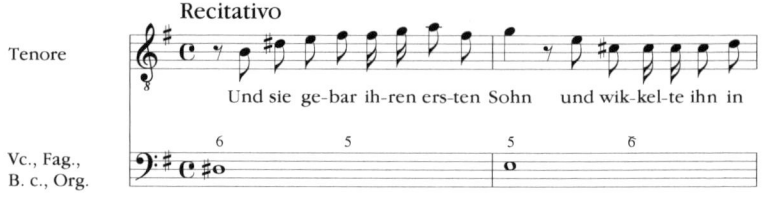

Verb mehr. Dies ist jedoch nicht die einzige Besonderheit dieses ungewöhnlichen Taktes, den wir weiter unten eigens betrachten werden.

Der gesamte *Sprachfluss* mit seinen betonten wie unbetonten Silben ist in Musik »übersetzt«. Die Grundbewegung läuft in Achtelwerten. Den jeweils auf der dritten Zählzeit betonten Verben entspricht eine durchgängige Betonung der Substantive auf der ersten Zählzeit jedes Taktes: »Sohn« – »Windeln« – »Krippen« – »Raum«. Dabei erhält das wichtigste Substantiv »Sohn« als einziges eine Längung durch eine Viertelnote. Wieder bildet der Schlusstakt mit einer zusätzlichen, aber nicht auf betonter Zählzeit stehenden Viertelnote zum Wort »Herberge« eine gewisse Ausnahme.

Um einen *lebendigen Vortrag* der rezitativischen Klangrede zu erreichen, aber auch um die Betonungen sinnvoll setzen zu können, »beschleunigt« Bach manche weniger wichtigen Silben, was die darauf folgende Betonung intensiviert: »*ihren* ersten«; »wi*ckelte* ihn«, »legte *ihn in* *eine* Krippen«, wobei die vier Sechzehntelnoten des letzten Beispiels sogar eine gewisse Hast zum Ausdruck bringen. Am Ende brechen wiederum zwei Sechzehntelnoten (Her*berge*) gleichsam aus diesem klaren System aus.

Regelmäßig und zugleich als Steigerung ist der *harmonische Verlauf* angelegt. Ein neuer Basston erklingt in den ersten drei Abschnitten immer zum Taktbeginn, im vierten auch in der Taktmitte, im Schlusstakt dann auf jeder Zählzeit. Jeweils in der Mitte des Taktes ereignet sich eine dissonierende Verschärfung der Harmonie: in Takt 1 vom Sextakkord zum Septakkord (H – H^7), in Takt 2 vom Grundakkord zum Terzquartakkord (e – A^7) und in Takt 3 wiederum vom Sextakkord zum Septakkord (A – A^7). Im vierten Takt geht es von d nach G^7, im fünften über C und D^7 nach G, wobei die Auflösung dann nicht mehr im Rezitativ erfolgt, sondern als Beginn des nächsten Satzes.

Musikalisch-rhetorische Betonungen, die über die bislang beschriebene Hervorhebung der Substantive (Zählzeit 1) und der Verben (Zählzeit 3) hinausgehen, ergeben sich aus dem Sinn der Worte kaum. Bach setzt dennoch je einen Akzent im ersten und im dritten Takt. Zunächst hebt er das Wort »ersten« durch einen Hochton hervor. Darin mag sogar Theologie mitschwingen, denn Jesus ist nicht nur Marias »erster Sohn«, sondern zugleich der »Erstgeborene der ganzen Schöpfung« (Kolosserbrief 1,15). Diese Betonung im Sinne einer »Hypotyposis« (abbildende Figur; der Erste ist zugleich der Höchste) wird ergänzt durch eine »Emphasis« (affekthaltige Figur) im dritten Takt. Mit dem abwärts gerichteten verminderten Dreiklang zu den Worten »denn sie hatten …« kommentiert Bach die ärmlichen Umstände der Menschwerdung Gottes als Skandalon. Vielleicht ist es kein Zufall, dass auch die erste »skandalöse« Aussage der Johannespassion »Judas aber, der ihn verriet« im Rezitativ des Evangelisten als verminderter Dreiklang abwärts mit anschließender Exclamatio durchaus ähnlich klingt.

Eine ganz besondere Musikalisierung erfährt das Wort »*Krippen*«, weil seine tiefe Lage als Sinnbild der Niedrigkeit einhergeht mit der harmonischen Ausweichung nach d-Moll anstatt des hier erwarteten D-Dur. Vom Schluss des Rezitativs (G-Dur) her wäre das die »Dominante«, allerdings in Moll. Der chromatisch erniedrigte Ton *f* ist musikalisches Sinnbild der Geburt in einer Krippe, auf das dann Bachs schon beschriebener emphatischer »Kommentar« folgt. Insgesamt ergibt sich so als Duktus dieser Aussage: die Geburt – in Niedrigkeit – als Skandalon.

Nun aber zu dem in mancher Hinsicht *irregulären Schlusstakt*. Weil der Wortlaut negiert ist – »keinen Raum in der Herberge« – fehlt dem Rezitativ eine »Abrundung«. Dem Punkt als Schlusszeichen des Textes entspricht kein musikalisch befriedigender oder gar bestätigender Schluss. Anders gesagt: Der musikalische Endpunkt ist gar nicht der des Textes, sondern erst der Beginn des folgenden Accompagnatos. Vor allem aber gestaltet Bach die textliche Negation mittels einer Deklamation, die ins Leere läuft. Indem er seine selbst gesetzte und bislang in diesem Rezitativ immer befolgte Regel verletzt, dass dem betonten Substantiv auf der ersten Zählzeit eine Pause folgt, erreicht er die synkopische Betonung des Wortes »Herberge« zwischen der zweiten und dritten Zählzeit. Dies steigert er noch durch das »Abreißen« ebendieses Wortes mit zwei Sechzehnteln, zudem auf der Dominante. Wir erinnern uns: Die Sechzehntel dienten bislang der »Beschleunigung« auf ein betontes Wort hin. Nun aber führen sie geradewegs ins Nichts, was der musikalisch-rhetorischen Figur der Abruptio entspricht.

Schließlich hören wir auf die *gesamte harmonische Gestaltung* und achten dabei nicht auf die notierten Basstöne, sondern auf die harmonischen Grundtöne. Diese heißen bis zum Wort »Krippen« H – e – A – d, was nichts anderes bedeutet als ein konsequentes Abwärtsschreiten im Quintenzirkel über drei Stationen, denen dann noch drei weitere folgen: d – G – C. Bach intensiviert so seine musikalische Zeichnung der Geburt durch den Gedanken der Erniedrigung (Kenosis). Eine solche Textdeutung des Skopus mit den Mitteln der Harmonik praktiziert er im Übrigen schon in seinen frühesten Vokalwerken. In der Kantate »Nach dir, Herr, verlanget mich« (BWV 150) stürzt die Musik zu den Worten »Lass mich nicht zuschanden werden« über mehr als zehn Quinten harmonisch ab.

Dieses Rezitativ, in dem Weihnachten sich musikalisch ereignet, zeigt Bachs *dramaturgische Konzeption* des Großwerkes »en miniature«. Überaus klar ist seine Disposition von Wort und Ton, weil sie sowohl gattungs- und formbedingten als auch spezifisch-eigenen Regeln folgt. Und am Schluss gibt Bach ein Beispiel für seine Kunst der »Licentia«, mit der er die Regeln souverän und fast demonstrativ außer Kraft setzt, um dem »skandalösen« Skopus der Worte Geltung zu verschaffen und zugleich hier schon den Aspekt der »Armut« musikalisch ins Spiel zu bringen, der als Gegenpol zur Majestät den weiteren Fortgang des ersten Oratorienteils bestimmen wird.

Choral und Rezitativ: »Er ist auf Erden kommen arm« (7)

Nun verknüpft Bach im Weihnachtsoratorium erstmals zwei musikalische Formen miteinander. »Intricat« nannte er solche Experimente, zu denen er zeitlebens große Lust verspürte. Er wählt die zeilenweise wechselnde Verbindung von Choral (»andante«, »arioso«) und Accompagnato (Recitativo). Nach 12 Takten Ritornell setzt die Sopranstimme mit dem Choral im ¾-Takt ein, dessen zeilenweisen Vortrag das Rezitativ des Solo-Basses mit jeweils zweitaktigen Einwürfen im 4/4-Takt kommentiert. Es folgt ein zwölftaktiges Nachspiel (wieder im ¾-Takt), in dessen zwei Anfangstakte die nun vom Bass nicht mehr kommentierte Choral-Schlusszeile »Kyrieleis« eingebaut ist.

Die Liedstrophe »Er ist auf Erden kommen arm« ist der sechste Vers aus Martin Luthers Weihnachtslied »Gelobet seist du, Jesu Christ«, das noch der mittelalterlichen Gattung der »Leisen« mit dem jeden Vers abschließenden »Kyrieleis« zugehört. Die Worte benennen die Dialektik arm–reich im Blick auf Christus und die Menschen im Sinne einer *paradoxen Verschränkung*: Er wurde arm, um uns reich zu machen. Von diesem textlichen Doppelangebot benötigt Bach in seiner musikalischen Disposition an dieser Stelle zunächst den Aspekt der Armut. Deshalb vielleicht belässt er den Choral ohne vierstimmigen Satz, und deshalb verzichtet er nicht auf den Ruf um Erbarmen »Kyrieleis«, der im originalen Textheft merkwürdigerweise (vielleicht auch nur durch ein Versehen des Druckers?) fehlt.

In dieser Liedstrophe Luthers wird die Verankerung jeder Zeile im Bibelwort besonders deutlich. In Anlehnung an Martin Petzoldt[9] zeichnen wir diese »biblische Inspiration« nach, weil dies auch für ein heutiges Verstehen hilfreich sein kann, indem der innere biblische Reichtum solcher Texte deutlich wird. Die Schlüsselworte »arm« und »reich« (Zeilen 1 und 3) beziehen sich auf 2 Kor 8,9: »Denn ihr wisset die Gnade unsers Herrn Jesus Christus, daß er, ob er wohl *reich* ist, ward er doch *arm* um euretwillen, auf daß ihr durch seine *Armut reich* würdet.« Man beachte die Wortstellung im Satz: Das erste Begriffspaar steht zueinander in Distanz, die einen Weg vom Reichtum in die Armut impliziert, den Christus in seiner Menschwerdung bis ins Leiden hinein gegangen ist. In der zweiten Satzhälfte aber rücken die beiden Begriffe (»Armut reich«) dann unmittelbar nebeneinander, vielleicht weil zwischen Armut und Reichtum der Menschen keinerlei menschliche »Leistung« passt. Vom Erbarmen Gottes in Jesus Christus (Zeile 2) erzählt die Bibel häufig, etwa im Markusevangelium 5,19c: »dass er sich deiner erbarmt hat«. Die Engelgleichheit der Menschen wiederum (Zeile 4) ist vom Lukasevangelium inspiriert: »Die aber, welche gewürdigt worden sind, jener Welt und der Auferstehung der Toten teilhaft zu werden, [...] sind Engeln gleich und sind Söhne Gottes, indem sie Söhne der Auferstehung sind« (Lk 22,36). Im Lied ist dies zugleich ein Rückbezug auf die erste Strophe mit den Worten »des freuet sich der Engel Schar«. Das abschließende liturgische »Kyrieleis« (Zeile 5) hat neben seiner hauptsächlichen Verankerung in der Liturgie auch einen biblischen Anhalt, etwa in Matthäus 17,15: »Herr erbarme dich über meinen Sohn«.

Die *Einwürfe des Basses* stehen im ⁴⁄₄-Takt, denn sie fragen aus irdischer Perspektive, während der Choral im Dreiertakt den himmlischen Bereich repräsentiert (»und in dem Himmel mache reich«). Planmäßig führen die Bass-Kommentare vom menschlichen Unverständnis zum ansatzweisen Verstehen, mithin, wie in vielen Bach'schen Sätzen, vom fragenden Zweifel zur Einstimmung in den Glauben. So wird in der Sprache der Musik nicht nur gesagt, was Glauben heißt, sondern gezeigt, wie Glauben als Überwindung des Zweifelns geschieht. Am Ende hebt eine Exclamatio (Ausruf) über eine Oktav Weihnachten als *Mensch*-Werdung fast überdeutlich hervor. Dass daraufhin vor der letzten Choralzeile »Kyrieleis« kein Ritornell mehr erklingt, entspricht dem gesamten Duktus. Die Botschaft des Chorals und der zunächst skeptische Kommentar des Basses haben in großer gegenseitiger Distanz begonnen und sodann schrittweise zueinander gefunden.

Dabei hatte der Librettist wohl nicht nur die eine »zitierte« Strophe im Sinn, sondern das gesamte Luther-Lied. Seine Dichtung ist nämlich – zumindest am Beginn und am Schluss – ganz offenbar durch Stichworte des Liedes angeregt. Auf den zitierten Vers folgt bei Luther die Schlussstrophe: »Das hat er alles uns getan, sein groß *Lieb* zu zeigen an«. Das Rezitativ beginnt: »Wer will die *Liebe* recht erhöhn?« – und es schließt mit der Zeile »So will er selbst *als Mensch* geboren werden«, die wiederum dem Beginn des Liedes genau entspricht: »Gelobet seist du, Jesu Christ, dass du *Mensch* geboren bist«.

Recitativo

so will er selbst als Mensch   ge - bo - ren wer-den.

Die beiden *Oboen d'amore* rufen in Klang und duettierendem Gestus, bisweilen vom Continuo motivisch unterstützt, die bereits im Kontext der adventlichen Erwartung (»Nun wird mein lieber Bräutigam« und »Bereite dich, Zion«) angeklungene Atmosphäre der Liebe in Erinnerung, allerdings nun mit zwei neuen Akzenten, einem textlichen und einem musikalischen. War in den adventlichen Worten noch von der menschlich-erwartungsvollen Liebe zum Bräutigam Jesus die Rede gewesen, so geht es jetzt um Gottes Liebe zu den Menschen, die sich mit seiner Menschwerdung in Jesus erfüllt hat. Musikalisch dominierten im ersten Accompagnato die Dissonanzen des Liebesschmerzes, wohingegen jetzt gefällige Konsonanzen, mitunter in Terzparallelen geführt, das Klangbild bestimmen. Während der Choralzeilen spielen die Oboen zunächst nur getupfte Achtel staccato auf der ersten und zweiten Zählzeit (»arm«); erst in der zweiten Hälfte (»reich«) begleiten sie motivisch. Bei den Bass-Partien überbrücken sie jeweils die Zäsur in der Mitte zweier Zeilen mit einem kleinen Einwurf des Erstaunens.

Abschließend ein Beispiel, wie Bach das Vokabular der Figurenlehre kreativ überbietet, weil ihm zusätzliche Entsprechungen zwischen Wort und Ton wichtig werden. Der Generalbass – auch für Bach bekanntlich generell das »wahre Fundament« aller Musik – pausiert in diesem Satz nur ein einziges Mal, und zwar einen ganzen Takt lang zu dem Wort *»Engeln«*. Das lässt sich hören und deuten als Reminiszenz an die von Bach im Weihnachtsoratorium ansonsten nicht verwendete Technik des Bassetto-Satzes (»Bassettchen«), die gemeinsam mit den Fauxbourdon-Klängen hier die Entrücktheit der Engel von allem Irdischen zum Ausdruck bringt.

Arie: »Großer Herr, o starker König« (8)

Solistisch-bravourös kehrt der Trompetenklang des Anfangs zurück. Das chorische Jauchzen und Frohlocken wird nun ergänzt durch eine persönliche Huldigung der Majestät Christi. Der Solo-Bass konzertiert mit der Trompete, dem herrscherlichen Instrument par excellence. Im weltlichen »Original« ist diese Arie zudem das erste direkte Ansprechen der Königin.

Melodisch und harmonisch ist dieses Bravourstück ganz in den D-Dur-Dreiklang getaucht, während es rhythmisch aus dem Impuls beständiger synkopischer Spannung lebt. Bereits die ersten Takte zeigen diese Besonderheiten: Dreiklangsbrechung als Grundmotiv, deren Abwärtsbewegung zugleich den Aspekt der gnadenhaften Zuwendung enthält; Oktavsprünge im Continuo, die den herrschaftlichen Anspruch bekräftigen, der sich auf die Totalität des Klangraumes (Oktave) bezieht; und die schon genannte synkopische Spannung zwischen Metrum und Rhythmus, die hier jedoch nicht als Verstoß gegen die Taktordnung zu verstehen ist, sondern als Zeichen von Stärke: Auch synkopiert behauptet sich die Dreiklangsmotivik! Zwei Takte lang hören wir die Synkopen in den Begleitstimmen, dann aber ab dem vierten Takt in der Trompete, die nicht zuletzt durch diesen »Offbeat« ihre ganze Bravour effektvoll entfalten kann. Die Synkopierung wird zum »demonstrativen« Machterweis bravouröser Trompetenmusik.

In den Worten »Großer Herr« und »liebster Heiland« meldet sich wieder die biblisch inspirierte innere Spannung des Gottesbildes. Vielleicht hätte Bach dies bei einer originalen Komposition als musikalische Inspiration zu einer Antithesis genutzt? Hier aber war er an den Duktus einer Wiederholung gebunden, die dem einheitlichen Bild der beiden ersten Zeilen in der Vorlage entspricht:

Spannung	Einheit
Großer Herr, o starker König,	Kron und Preis gekrönter Damen
Liebster Heiland, o wie wenig …	Königin, mit deinem Namen …

Die Nicht-Übereinstimmung zwischen beiden Texten ist wiederum so unbedeutend, dass Bach keine Notwendigkeit zur musikalischen Veränderung sah. Vielleicht darf sogar gesagt werden, dass der Gegensatz der beiden ersten weihnachtlichen Zeilen keineswegs ohne musikalische Entsprechung bleiben muss. Diese spielt sich aber nicht im Rahmen der Komposition ab, sondern auf der Ebene der Interpretation. Eine entsprechend differenzierte Gestaltung, auch mittels der harten und weichen Anfangskonsonanten, legt sich nahe.

Der Aufbau dieser Dacapo-Arie ist so wohl geordnet wie jeder Herrscher sein Reich wohl sehen möchte. Der 40 Takte umfassende Mittelteil wird gerahmt durch den A-Teil mit jeweils 80 Takten. Auch in der Binnengliederung dominieren vier- und achttaktige Gruppen. Eine Besonderheit ist jedoch der Part der Trompete. Erwartungsgemäß beherrscht sie das Vor- und Nachspiel sowie die Zwischenspiele. Während des Vokalparts tritt sie in den Hintergrund, damit der Text dominieren kann. Soweit das Gewöhnliche, womit Bach die vorgegebene Norm erfüllt. Ungewöhnlich ist das motivische Material, mit dem die Trompete den Part des Sängers begleitet. Es leitet sich nicht aus dem Thema des Ritornells ab, sondern besteht, wie Klaus Hofmann[10] zeigen konnte, zitatartig aus damals allbekanntem Fanfaren-Vokabular. Dadurch kommt noch stärker das Begriffsfeld adeliger Privilegien und fürstlicher Insignien ins Spiel. Stand bei der Vorlage »der Adelsrang der Gefeierten« im Vordergrund, die von Fanfaren als Kurfürstin von Sachsen und Königin von Polen gegrüßt wird, erfolgt mit der Parodie eine metaphorische Umprägung: »Skopus des Parodietextes ist der Gegensatz von niedriger Geburt und Gotteskönigtum Jesu.« Der Text benennt Jesus als »großen Herrn« und »starken König« – und die Trompetenfanfare kennzeichnet ihn als himmlischen Fürsten. »Wer immer die entscheidende Idee gehabt haben mag, Bach oder sein Textbearbeiter – die Neufassung ist auch ein Kabinettstück der Parodiekunst«.

Abschließend noch eine Bemerkung zum Text, weil gerade in dieser Arie eine deutliche Differenz zwischen Textheft und Partitur vorliegt, die vermutlich auf eine musikalisch-theologische Korrektur Bachs zurückzuführen ist. Das Textheft bietet in der vierten Zeile, die den Mittelteil eröffnet, die Lesart »Der die ganze Welt *gemacht*« als Reim auf die dritte Zeile »achtest du der Erden Pracht«. Der korrekte Reim deutet an dieser Stelle wohl darauf hin, dass die Lesart des Textdrucks, im Unterschied zu einigen anderen Divergenzen, nicht auf einem irgendwie gearteten Versehen beruht. Der komponierte Wortlaut heißt jedoch: »Der die ganze Welt *erhält*«. Der zerstörte Reim (Pracht – erhält) wird jedoch nicht weiter auffällig durch den musikalischen Übergang vom Rahmenteil zum Mittelteil. Außerdem hat auch die nun gewonnene Assonanz »Welt erhält« ihren poetischen Reiz. Die Änderung zeigt jedoch vor allem, wie sehr Bach theologische Formulierungen – von Luthers Katechismen über Leonhard Hutters »Compendium« (Bachs Schulbuch im Fach Religion) bis zu Luther-Chorälen im Ohr hatte. Die Redundanz der ursprünglichen Fassung (»gemacht« – »erschaffen«) wird in Bachs Revision nämlich zu christologischer Stringenz: Christus ist für Welt und Mensch nicht nur »gubernator« (Herr und König), »salvator« (Heiland) und »creator« (Schöpfer), sondern auch »conservator« (Erhalter).

Eine letzte Bemerkung zur Ermöglichung dieser Parodie. Nicht zu Unrecht wird fast im Unisono in der wissenschaftlichen und populären Bach-Literatur darauf hingewiesen, dass Bach immer wieder die Klänge des weltlichen Herrscherlobes auf das Gotteslob überträgt. Das stimmt zwar, bedeutet aber dennoch keine Identifizierung des einen mit dem anderen. Gegen die vorschnelle Parallelisierung von geistlichem und weltlichem »Obrigkeitsdenken« (Hans Heinrich Eggebrecht) sprechen nicht zuletzt die kritischen Worte des Magnificat: »Er stürzt die Mächtigen vom Thron und erhebt die Niedrigen«.

Choral: »Ach mein herzliebes Jesulein« (9)

Auch in diesem abschließenden Choral wendet Bach das Berichtete in den »Widerhall« des Innersten,[11] um es mit dem Philosophen Ernst Bloch zu sagen. Weihnachten ist auf die Historia angewiesen, wie Luther in seinen Predigten unermüdlich betont. Aber es erfüllt sich nicht im Bericht von der Geburt im Stall, sondern – auf Bericht und Auslegung aufbauend – erst in der persönlichen Aneignung, der Gottesgeburt in der Seele, womit zugleich der sehnsuchtsvoll fragende erste Choral »Wie soll ich dich empfangen?« seine Antwort und Erfüllung in diesem Schlusschoral findet. Schon Martin Luther bringt sowohl die predigthafte als auch die christologische Polarität mit knappen und einprägsamen Worten in seinen Weihnachtspredigten zur Geltung: »dich und dich allein gehts an«, »daß dies Kind Herr und Heiland ist«.[12]

Armut und Majestät – die Grundpolarität des ersten Teils – hat Bach bislang im Nacheinander musikalisiert. Sie gehören aber geheimnisvoll zusammen. Und damit sind wir bei einer speziellen Sprachmöglichkeit der Musik: Nur sie kann scheinbare Gegensätze simultan »inszenieren«, wohingegen die Wort-Sprache immer nacheinander sagen muss, was eigentlich ineinander gehört. Für diese 13. Strophe aus Martin Luthers »Kinderlied auf die Weihnacht« wählt Bach eine fast verletzlich wirkende Harmonisierung. Seufzende Achteldurchgänge und Chromatik bewirken eine Expressivität vergleichbar jener des ersten Chorals »Wie soll ich dich empfangen?«. In den Zeilenschlüssen aber ertönen fanfarenhafte Klänge des gesamten Trompetenchores, der mit seinen drei Trompeten und Pauken seit dem Eingangschor pausiert hat. Diese majestätischen Einwürfe unterstreichen das Wunderbare des Weihnachtsgeheimnisses (»des sich wundert alle Welt«), ja sie inszenieren Weihnachten überaus effektvoll. Bachs Botschaft an dieser Stelle heißt: Aus dem Zartesten geht der Mächtigste hervor.

Die beiden Ebenen, die vokal-arme und die instrumental-majestätische, erklingen zwar nacheinander, sind aber jeweils an »Schnittstellen«

miteinander verbunden und geradezu ineinander »eingehängt«. Der Schlusston jeder vokalen Phrase ist zugleich Beginn des Zwischenspiels. Einen Übergang schafft der Achtel-Oktavsprung jeweils am Zeilenende im Generalbass. Das Erreichen des Schlusstons markiert das Ende der Zeile, der vokal unbedeutende Oktavsprung initiiert aber zugleich das Zwischenspiel, als dessen motivischer Bestandteil er sich entpuppt.

Wie aber verhält es sich nun mit den beiden Aspekten »Armut und Majestät«, die wir als dramaturgischen Kern und strukturbildende Idee dieses Teils bestimmt haben? Bach war offensichtlich an einer Balance gelegen. Sonst hätte er nicht die Phrasen des Schlusschorals gleich lang gestaltet und dafür sogar einen Eingriff in die Metrik des Liedes in Kauf genommen: Dessen zweite Zeile beginnt hier nicht auf der vierten Zählzeit (wie in Nr. 17 »Schaut hin, dort liegt im finstern Stall«), sondern auf der zweiten.

Erst ganz am Ende gibt Bach einen Hinweis auf die intendierte Dominanz des instrumentalen Parts. Die vokale und die instrumentale Schicht des Satzes schließen nicht gleichzeitig. Der Trompetenchor behält das letzte Wort und spielt nur in den Schlusstakten als »Nachspiel« eine auf drei Takte erweiterte Gestalt seines Zwischenspiels, deren organische Rundung sich als Grundgestalt zu erkennen gibt. Angesichts dieser »Lösung« erscheinen die vorigen Einwürfe fast fragmentarisch. Doch gerade in dieser Vorläufigkeit wirken sie als Verheißung und Vorspiel der Erfüllung, die dann in den Schlusstakten Gestalt gewinnt. Letztlich kommen so alle drei eingangs genannten weihnachtlichen Polaritäten zu ihrem Ziel, wenn die Erwartung zur Erfüllung gesteigert wird, die Aneignung den Bericht vertieft und die Armut sich als Majestät erweist.

Teil II

»Und es waren Hirten in derselben Gegend auf dem Felde«

»Sinfonia«
Musik der Engel und der Hirten

Blick in die Werkstatt

Auf der vorletzten Partiturseite des zweiten Teils sehen wir, wie Bach seine kompositorische Planung gleich mehrfach geändert hat. Die durchgestrichenen Notensysteme (oben) waren eigentlich für die Streicherbegleitung des Bass-Rezitativs »So recht, ihr Engel, jauchzt und singet …« gedacht, zu dessen Niederschrift als Accompagnato und beginnend in C-Dur Bach auf der vorigen Seite schon angesetzt hatte. Warum aber hat er diesen Plan revidiert und den kurzen Satz als Secco-Rezitativ in G-Dur komponiert? Vielleicht wollte Bach gerade diese »moderierenden« Worte – sie blicken lobend auf den großen Engelschor »Ehre sei Gott in der Höhe« zurück und kündigen den Schlusschoral an – der Partie des Evangelisten etwas angleichen. Zudem wird hier sogar die Zurücknahme der Besetzung besonders wirkungsvoll, weil dieses Rezitativ zwischen den beiden groß besetzten Chören »Ehre sei Gott in der Höhe« und »Wir singen dir in deinem Heer« gerade in seiner Schlichtheit zur Geltung kommt.

Die Liedstrophe »Wir singen dir in deinem Heer« am Schluss des zweiten Oratorienteils war zunächst als vierstimmiger Choralsatz im C-Takt geplant. Das erkennt man noch an den zu einer (später überschriebenen) Akkolade zusammengefassten oberen fünf Systemen in der hierfür üblichen Schlüsselung mit Sopran-, Alt-, Tenor- und zwei Bassschlüsseln (Vokalstimme und Continuo). Erst im Prozess der Niederschrift entschloss Bach sich zur Änderung der Taktart von C (4/4) in 12/8, um so den pastoralen Duktus der »Sinfonia« zur metrisch-klanglichen Rahmung aufzugreifen. Deutlich sichtbar wird die Änderung im Generalbass (unterste Zeile der neuen, größeren Akkolade), weil die nun zitierte Motivik der »Sinfonia« Platz für jeweils drei Noten anstatt nur für eine Note (wie in der vokalen Bass-Stimme) erfordert.

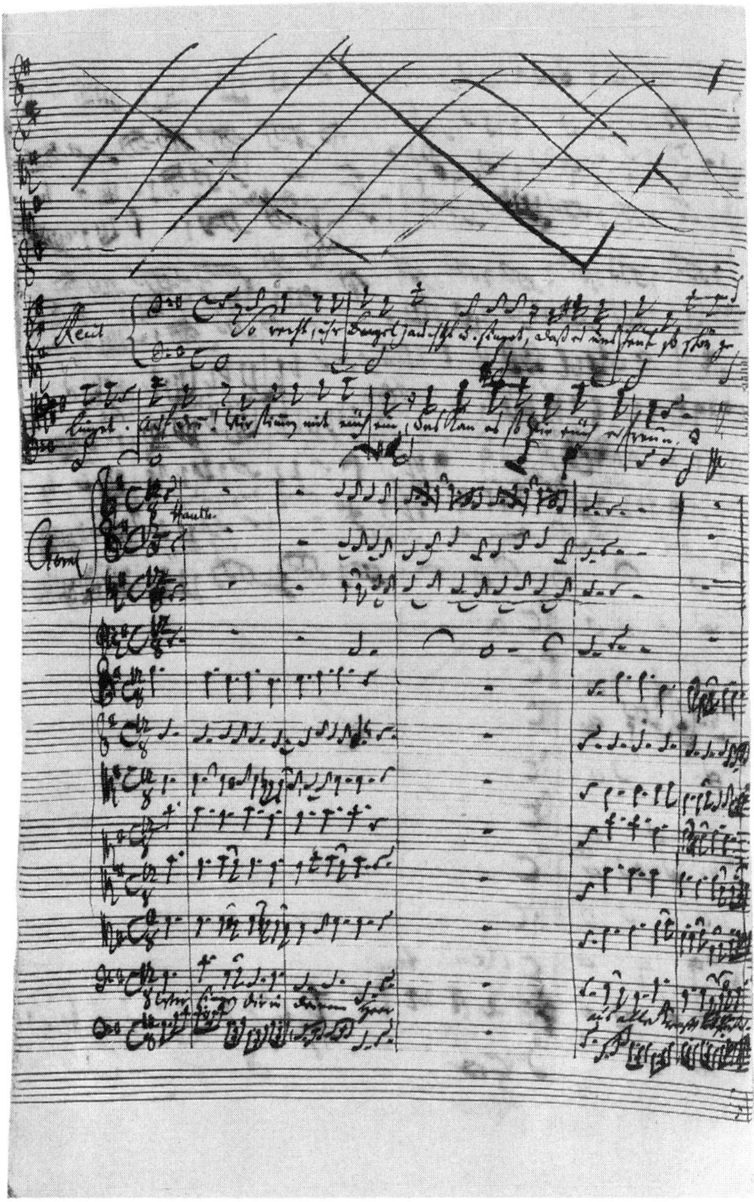
Recit
Chor

Text und Besetzung

10. Sinfonia [Fl. I, II, Ob. d'am. I, II, Ob. da c. I, II, Str., B. c.]

11. Evangelista [T, B. c.]

»Und es waren Hirten in derselben Gegend auf dem Felde bei den Hürden, die hüteten des Nachts ihre Herde. Und siehe, des Herren Engel tr∶t zu ihnen, und die Klarheit des Herren leuchtet um sie, und sie furchten sich sehr.«

12. Choral [S, A, T, B, B. c. (+ Instr.)]

Brich an, o schönes Morgenlicht,
Und lass den Himmel tagen!
Du Hirtenvolk, erschrecke nicht,
Weil dir die Engel sagen,
Dass dieses schwache Knäbelein
Soll unser Trost und Freude sein,
Dazu den Satan zwingen
Und letztlich Friede bringen!

13. Evangelista [T, S, Str., B. c.]

»Und der Engel sprach zu ihnen:«
Angelus
»Fürchtet euch nicht, siehe, ich verkündige euch große Freude, die allem Volke widerfahren wird. Denn euch ist heute der Heiland geboren, welcher ist Christus der Herr, in der Stadt David.«

14. Recitativo [B, Ob. d'am. I, II, Ob. da c. I, II, B. c.]

Was Gott dem Abraham verheißen,
Das lässt er nun dem Hirtenchor
Erfüllt erweisen.
Ein Hirt hat alles das zuvor
Von Gott erfahren müssen.
Und nun muss auch ein Hirt die Tat,
Was er damals versprochen hat,
Zuerst erfüllet wissen.

15. Aria [T, Fl. I, B. c.]

Frohe Hirten, eilt, ach eilet,
Eh ihr euch zu lang verweilet,
Eilt, das holde Kind zu sehn!
Geht, die Freude heißt zu schön,
Sucht die Anmut zu gewinnen,
Geht und labet Herz und Sinnen!

16. Evangelista [T, B. c.]

»Und das habt zum Zeichen: Ihr werdet finden das Kind in Windeln gewickelt und in einer Krippe liegen.«

17. Choral [S, A, T, B, B. c. (+ Instr.)]

Schaut hin, dort liegt im finstern Stall,
Des Herrschaft gehet überall!
Da Speise vormals sucht ein Rind,
Da ruhet itzt der Jungfrau'n Kind.

18. Recitativo [B, Ob. d'am. I, II, Ob. da c. I, II, B. c.]

So geht denn hin, ihr Hirten, geht,
Dass ihr das Wunder seht:
Und findet ihr des Höchsten Sohn
In einer harten Krippe liegen,
So singet ihm bei seiner Wiegen
Aus einem süßen Ton
Und mit gesamtem Chor
Dies Lied zur Ruhe vor!

19. Aria [A, Fl. I; Ob. d'am. I, II, Ob. da c. I, II + Str.; B. c.]

Schlafe, mein Liebster, genieße der Ruh,
Wache nach diesem vor aller Gedeihen!
    Labe die Brust,
    Empfinde die Lust,
    Wo wir unser Herz erfreuen!

20. Evangelista [T, B. c.]

»Und alsobald war da bei dem Engel die Menge der himmlischen Heerscharen, die lobten Gott und sprachen:«

21. Chorus [S, A, T, B, Fl. I, II, Ob. d'am. I, II, Ob. da c. I, II, Str., B. c.]

»Ehre sei Gott in der Höhe und Friede auf Erden und den Menschen ein Wohlgefallen.«

22. Recitativo [B, B. c.]

So recht, ihr Engel, jauchzt und singet,
Dass es uns heut so schön gelinget!
Auf denn! wir stimmen mit euch ein,
Uns kann es so wie euch erfreun.

23. CHORAL [S, A, T, B, Fl. I, II, Ob. d'am. I, II, Ob. da c. I, II, B. c. (+Str.)]

> Wir singen dir in deinem Heer
> Aus aller Kraft, Lob, Preis und Ehr,
> Dass du, o lang gewünschter Gast,
> Dich nunmehr eingestellet hast.

Grundidee und Aufbau

Eine neue thematische Polarität bestimmt den Aufbau des zweiten Teils. Es ist die biblisch inspirierte und zugleich musikalisch überaus inspirierende, bei Bach nicht zuletzt traditionell-lutherisch akzentuierte Vorstellung vom Zusammenklingen irdischer und himmlischer Musik. Für den irdischen Bereich steht die Musik der Hirten, Engel repräsentieren die himmlische Sphäre. Diese von Johann Walter (1496–1570), Luthers Freund und musikalischem Berater, favorisierte Idee finden wir präzise zusammengefasst in der dritten Strophe von Philipp Nicolais Wächterlied »Wachet auf, ruft uns die Stimme« (1599), wenn es in Anspielung auf die Weihnachtsbotschaft heißt: »Gloria sei dir gesungen, mit Menschen- und Englischen Zungen«.

Im Hintergrund steht die mittelalterliche Vorstellung von der irdischen Musik als Abbild und Vorahnung der Gott lobenden himmlischen Musik, der »musica coelestis«. Wie diese Vorstellung im Protestantismus modifiziert wird, fasst Hans Heinrich Eggebrecht zusammen: »Die lutherische Auffassung verwandelte das statische Urbild-Abbild-Verhältnis zwischen himmlischer und irdischer Musik durch das dynamische Moment der persönlichen Beteiligung: Musik auf Erden ist ein Abbild (eine Figura), nur ein Schatten, ein Vorgeschmack der vollkommenen und immer währenden Gott lobenden himmlischen Kunst Musica; doch dem Christgläubigen ist die Aufnahme in die himmlische Cantorey persönlich verheißen, die das Ziel alles irdischen Komponierens, Singens und Spielens ist«.[1]

Als wichtigste liturgische Ausprägung dieser Idee ist das biblisch inspirierte Sanctus (Jesaja 6) im Ordinarium Missae zu nennen, wie Bach es zehn Jahre vor dem Weihnachtsoratorium im »Sanctus« für den Ersten Weihnachtstag 1724, das er später in die h-Moll-Messe aufnahm, als himmlisch-irdischen Zusammenklang komponiert hat. Darin wahrt er zum einen die Identifizierbarkeit von »himmlisch« und »irdisch« durch die erregende Gleichzeitigkeit von Triolen und punktierten Achteln nicht nur als »gegensätzliche Rhythmen«, sondern als »kontrastierende Charaktere«;[2] zum anderen »inszeniert« er den irdisch-himmlischen Zusammenklang als klangprächtige Mehrchörigkeit.

Zwei weitere Facetten kennt die musico-theologische Idee. Sie wird zweitens, wie von Hans Heinrich Eggebrecht beschrieben, bedeutsam in der *Ars moriendi* (Sterbekunst), weil das Verlassen der irdischen Kantorei mit der Aufnahme in die himmlische gleichgesetzt wird. Und sie gewinnt, drittens, Gestalt im *Kirchenjahr*, eben in der weihnachtlichen Engelsbotschaft, von der wir im zweiten Teil des Weihnachtsoratoriums hören. Bach komponiert diesen musikalisch-theologischen Gedanken des sinfonischen Zusammenklangs von Engels- und Menschenmusik, indem er ihn durch eine entsprechende Disposition des gesamten Teils »inszeniert«. Das liturgisch so vertraute »Gloria in excelsis Deo« erklingt nicht als isolierter Bibelspruch, sondern – aufgrund der musikalischen Möglichkeiten des Oratoriums – als Höhepunkt einer geradezu dramatischen Begegnung zwischen Hirten und Engeln, die sich im Schlusschoral zudem auf die Hörer hin öffnet. Wie sehr solche dramaturgischen Entscheidungen in enger Absprache zwischen Komponist und Librettist getroffen worden sind, zeigen etliche Details, etwa gleich die erste Erwähnung der Hirten im Bass-Accompagnato als »Hirtenchor« (II,14). Von Anfang an soll dem biblischen Chor der Engel jener der Hirten im Sinne des barocken Concertierens als »Gegeneinander im Miteinander« zur Seite gestellt werden.

Versuchen wir einen Überblick über die *dramaturgische Anlage* dieses Teils, wobei wir die »Sinfonia« vorerst noch ausklammern, um zunächst die wortgebundenen Sätze zu betrachten. Am Ende werden sich die wortgebundenen Sätze als nachträgliche vokal-instrumentale Beschreibung der »Sinfonia« verstehen lassen und die »Sinfonia« wiederum als non-verbale Antizipation der folgenden Sätze. Den biblischen Text teilt Bach in vier Abschnitte, wobei neben dem uns schon vertrauten Evangelisten nun auch ein verkündigender Engel als Soliloquent (Sopran, solistisch) sowie die »Menge der himmlischen Heerscharen« als »Chor der Engel« auftreten. Die Hirten hingegen treten biblisch noch nicht selbst redend oder gar singend in Erscheinung, denn sie sind die passiven Empfänger der Engelsbotschaft. Im betrachtenden Kontext allerdings hören wir viel von ihnen.

Bachs Grundidee ist die Darstellung irdischer Hirtenmusik und himmlischer Engelsmusik im Nacheinander der mittleren sowie im gesteigerten Ineinander der Rahmensätze. Dazu muss die Gewichtung der Hirten insgesamt verstärkt werden, schließlich sind die Engel durch ihr zweifaches biblisches Auftreten »im Vorteil«. Bach gestaltet die Dramaturgie nun so, dass er in der Thematisierung der Engel dem Evangelium folgt und zugleich die betrachtende Dichtung nutzt, um auch die Hirten entsprechend zur Geltung zu bringen. So ergibt sich insgesamt eine spielerisch-poetische Verschränkung beider, die in den Rahmensätzen zur »sin-fonischen« Integration intensiviert wird.

Gleich nach dem zweiten Satz des Evangelisten unterbricht Bach dessen Botschaft. Eine Choralstrophe ergänzt den Bericht zu einer ersten »Szene«. Das Lied mischt sich gleichsam in das biblische Geschehen ein und spricht die erschrockenen Hirten direkt an: »Du Hirtenvolk, erschrecke nicht«. Hier dient der Choral ausnahmsweise kaum der Aneignung, vielmehr unterstützt er die biblische Schilderung im Blick auf den Affekt. Dann folgt auf die Rede choraliter zu den Hirten die biblische des Engels mitsamt ihrer Fortführung (13–15) als zweite »Szene«. Wieder sucht Bach nach einer Möglichkeit, die Hirten eigens zu thematisieren, was durch das Stichwort der »Stadt David« ermöglicht wird. Dass Jesus in einem Atemzug mit David und Abraham genannt wird, hat den Beginn des Matthäusevangeliums als biblischen Anhaltspunkt: »Dies ist das Buch von der Geburt Jesu Christi, der da ist ein Sohn Davids, des Sohns Abrahams.« Genau diesem bei Matthäus vorgezeichneten Weg folgt Bach schrittweise. Der Engel kündet von Christus, welcher geboren ist in der Stadt David, und das Rezitativ blickt noch weiter zurück auf den Hirten Abraham.

Sämtliche Accompagnati des zweiten Teils sind dem Bass zugewiesen. Das erste schlägt einen heilsgeschichtlichen Bogen zurück zur Verkündigung an Abraham und erörtert die Rolle der Hirten im Blick auf Verheißung und Erfüllung. Das Stichwort »erfüllet« motiviert dann zum Blick nach vorn: Die Hirten sollen eilen, um das Kind endlich zu sehen. Die Tenor-Arie wirkt als Intensivierung der Engelsbotschaft, geradezu als deren Fortsetzung und Präzisierung. Jetzt haben die Hörer des Weihnachtsoratoriums dreierlei schon über die Hirten erfahren: *Was* den Hirten auf dem Felde widerfahren ist (11–13), *wer* die Hirten als Empfänger der Verheißung an Abraham wirklich sind (14) und *wie* die Hirten sich verhalten sollen (15). Erst dann folgt die zweite Hälfte der Engelsbotschaft, nun aber aus dem Mund des Evangelisten. Dass Bach diese Engelsworte nicht dem Soliloquenten als Accompagnato zuweist, sondern dem Secco des Evangelisten, mag überraschen, entspricht jedoch den Gepflogenheiten der älteren Weihnachtshistorie.[3]

Die folgenden Sätze 16–19 bilden eine dritte »Szene« und sind in ihrem Ablauf wohl nur zu verstehen unter der Prämisse einer Bach'schen Idee, wiederum die Dramaturgie betreffend. Diese Sequenz hat Befremden hervorgerufen, denn die Botschaft des Engels an die Hirten »Ihr werdet finden …« veranlasst Bach zur Abfolge dreier Sätze, die planmäßig von der Verheißung zur Erfüllung schreiten, was chronologisch aber insofern inkonsequent ist, weil die Erfüllung im Bibelwort – die Ankunft der Hirten an der Krippe – ja erst im dritten Teil des Oratoriums erfolgen wird. Im Einzelnen: Ein Choral intensiviert die Verheißung als sichtbare, ja fast greifbare mit den Worten »Schaut hin«. Zudem nennt er die Dialektik des ersten Teils (Armut–Reichtum) und führt keineswegs zufällig in der letzten Zeile die Mutter Maria ein. Dies wirkt wie eine erster vorbereitender Hinweis auf ihr Wiegenlied und gleicht so das Fehlen einer biblischen »Anmoderation« aus. Das Accompagnato des Basses verstärkt den Impuls zum Aufbruch: »So geht denn hin, ihr Hirten, geht«. Zugleich wird antizipierend das »Finden« bereits ins Spiel gebracht. Und es erfolgt die eigentliche und regelrechte »Anmoderation« des Wiegenliedes, denn die Hirten sollen nicht nur gehen und finden, sondern auch noch singen.

Zu Beginn der vierten »Szene« ergreift der Evangelist wieder das Wort. Er ist noch mitten in der Verkündigung des Engels, die jetzt durch die »Menge der himmlischen Heerscharen« intensiviert wird. Bach übersetzt deren »Gloria in excelsis Deo« in einen monumentalen Chor, dessen Wirkung durch das Fehlen eines Eingangschores in diesem Teil klug berechnet ist; bisher sind aus dem Mund des Chores ja lediglich zwei Choräle erklungen. Das letzte Accompagnato zeigt besonders klar, was wir als »moderierende« Aufgabe angesprochen hatten. Der lobende Rückblick auf den Engelschor »So recht, ihr Engel« wird erweitert durch den Vorblick auf den Schlusschoral: »Wir stimmen mit euch ein«, wobei die Hirtenthematik im Motiv der Freude zumindest nachklingt. Engel, Hirten und »Wir« – dies ist das angemessene Ensemble zum Lobpreis der Weihnacht. So wie im ersten Teil die Polarität von Armut und Reichtum im Schlusschoral zusammengefunden hat, so nun die Musik der Hirten und der Engel im Tutti (»Wir«) des gesamten Ensembles.

Reizvoll ist ein Vergleich der Dramaturgie in den Teilen I und II. Bach gestaltet sie in gewissem Sinne gegenläufig, einmal retardierend (I), dann accelerierend (II). Im ersten Teil hatte er den Evangelisten unmittelbar vor dessen Bericht von der Geburt Jesu unterbrochen, um auch den für das Oratorium wichtigen Aspekt der adventlichen Erwartung zur Geltung zu bringen. Im zweiten Teil nun führt er die Hirten – über die Brücke von Choral »Schaut hin, dort liegt im finstern Stall« (17) und Rezitativ »So geht denn hin« (18) – rascher ans Ziel als im Evangelium berichtet, damit hier das Wiegenlied »Schlafe, mein Liebster« (19) seinen Platz finden kann. Zudem führt er zusätzlich zu den biblischen Hirten und Engeln die Mutter Maria bereits im zweiten Teil als dramaturgisch motivierte Person ein.

Die Hirten und ihr Erschrecken

Evangelist: »Und es waren Hirten« (11)

Nach der »Sinfonia« (siehe S. 93ff.) beschreibt das erste Rezitativ des Evangelisten die weihnachtliche Hirtenszene, in die der Engel unerwartet eintritt, was die Hirten in Furcht und Schrecken versetzt. Zu jedem der drei Abschnitte findet Bach charakteristische Musik, wobei er den Bericht des Evangelisten insgesamt als Steigerung anlegt. In sich rund, fast beschaulich, erklingt der erste Bibelvers. Bei der Erwähnung der »Hürden« meint man den aufmerksamen Blick eines Hirten zu spüren, wohingegen die »Nacht« in tief-dunkler Lage erklingt. Die Beruhigung am Ende beim Wort »Herde« wirkt wie ein Sich-Niedersetzen. Doch der Schein trügt. »Und siehe« – die Rufterz *e–cis* kündigt es an: Ein Ereignis aus einer anderen Welt (im harmonischen Kontext war *c* zu erwarten und nicht *cis*) wird emphatisch berichtet in exponierter Lage und fanfarenhafter Melodik, rhythmisch zudem beschleunigt und harmonisch in blendenden Dissonanzen ausgreifend bis ins grelle Fis-Dur. Dies wiederum löst eine fluchtartig abstürzende Sechzehntelbewegung im Continuo aus, mit dem Umfang zunächst einer verminderten Oktav, dann einer verminderten Septime. Die Idee hierzu scheint Bach nicht sofort gekommen zu sein. Er hatte die Bassnote zu Beginn von Takt 8 schon als Halbe geschrieben, dann aber in eine Viertel korrigiert und die Sechzehntel-Kaskade angehängt. Dem Evangelisten bleibt die Schilderung der Furcht mit einem verminderten Dreiklang, dem sich eine Exclamatio anschließt, bevor der Satz vokal und dann auch instrumental in einem langen Akkord zur Ruhe kommt. Ein Nachklang wie ein fragendes Staunen über das unerwartete und rätselhafte Geschehen.

Choral: »Brich an, o schönes Morgenlicht« (12)

Der biblisch berichtete Affekt der Furcht, dessen Schilderung Bach im Rezitativ des Evangelisten so effektvoll in Szene gesetzt hat, gibt Anlass zum Einschub einer Choralstrophe. Der »Stichwortanschluss« ist leicht zu hören: »Sie furchten sich sehr« – »Du Hirtenvolk, erschrecke nicht«. Nun aber wird die positiv-helle Seite der lichtvollen Erscheinung des Engels genannt. Das Licht, das die Hirten geblendet hat, soll sie in Wahrheit erleuchten. Mit Bedacht ist die Strophe hier ausgewählt, resümiert sie doch zudem die Dialektik des ersten Teils in den Worten vom »schwachen Knäbelein«, das den »Satan zwingen« (vgl. Teil VI) und »letztlich Friede bringen« wird, Letzteres bereits als Vorblick auf die himmlische Friedensbotschaft im virtuosen Engelschor.

Wortauslegende Details finden wir auch in dieser Choralstrophe, etwa die Synkope des Tenors gleich im ersten Takt als eine Art »Nachbeben« der durch die Engelserscheinung ausgelösten Erschütterung, oder die Seufzerfigur, mit der die Altstimme das »schwache Knäbelein« kommentiert. Überraschend wirkt der chromatisch intensivierte Quartgang aufwärts im Bass zu den Worten »soll unser Trost und Freude [sein]«. Doch hier erkennen wir Bachs Komponieren nicht eines Zustands, sondern einer Entwicklung. Entscheidend ist nicht die Chromatik »an sich«, sondern wie sie sich zum Wort »Freude« löst. Die fast synonymen Worte »Trost und Freude« übersetzt Bach musikalisch-dynamisch in den Gegensatz von »Schmerz und Freude«. Das »Zwingen« des Satans erklingt dann kämpferisch in den Männerstimmen. Im vorletzten Takt deutet der Tenor den Frieden mit Seufzerfiguren an, die wie von Ferne an das »et in terra pax hominibus« im Gloria der h-Moll-Messe erinnern, bevor im letzten Takt die Oboe das Hirtenkolorit mit einer eigenen melodischen Wendung zur Geltung bringt.

Entscheidender aber als diese einzelnen Beobachtungen zum Sensus ist das gesamte Klangbild als Darstellung des Skopus. Wie ein helles Licht strahlt der Flötenklang über dem Satz, den Cantus firmus in der höheren Oktav verdoppelnd. Und was könnte Bach hierzu motiviert haben, wenn nicht das Stichwort »Morgenlicht«? Die Musik nimmt den bittend-verheißungsvollen Text auf und deutet ihn präsentisch als Erfüllung. Vom ersten Takt an ist das ersehnte Morgenlicht bereits Gegenwart.

Die Verkündigung des Engels

Evangelist und Engel: »Fürchtet euch nicht« (13)

Nach kurzer Ankündigung des Evangelisten ergreift der Engel das Wort. Seine Botschaft begleiten die Streicher mit hellen Klangfarben. Sogleich benennt der »Angelus« die Furcht der Hirten – »Fürchtet euch nicht!« –, die er ihnen nehmen will, indem er den gegensätzlichen Affekt der Freude ins Spiel bringt: »Siehe, ich verkündige euch große Freude«. Als Begründung nennt er nichts geringeres als den Kern der Weihnachtsbotschaft: »Denn euch ist heute der Heiland geboren …«

Dieser Gottesbote (»Angelus«) ist ein Verkündigungsengel, vergleichbar den Tuba-Engeln an gotischen Kathedralen. Die »große Freude« führt ihn in die höchste Sopranlage. Melodische Anklänge an die Fanfarenthematik des ersten Teils sind in Quartsprüngen und Dreiklangsbrechungen zu hören, zumal in D-Dur, und eine Exclamatio unterstreicht das entscheidende Wort »der Heiland«. Beides ist gewahrt, Größe und Niedrigkeit dieser einzigartigen Geburt, wenn die Engelsbotschaft nicht bestätigend in D-Dur schließt, sondern sich am Ende nach h-Moll wendet.

Accompagnato: »Was Gott dem Abraham verheißen« (14)

Nach der Botschaft des Engels rücken die Hirten ein weiteres Mal in den Vordergrund. Das Stichwort des Evangeliums heißt »David« und meint jenen Hirten, der zum König wurde. Das Bass-Rezitativ blickt noch weit hinter David auf Abraham als Symbolgestalt des Hirten. Die an ihn ergangene Verheißung Genesis 12 »Ich will dich zum großen Volk machen und will dich segnen« wurde in der lutherischen Orthodoxie christologisch gedeutet: Christus ist zum einen der Nachkomme Abrahams und Davids, zum anderen wird er zur endgültigen Erfüllung dieser Verheißung, weil er selbst der »Brunnquell alles Segens«[4] ist.

An dieser Stelle wird eine dramaturgische Grundidee des Weihnachtsoratoriums, die immer wieder durchklingt, explizit benannt, nämlich die Dynamik von Verheißung und Erfüllung: »Was Gott dem Abraham verheißen, das lässt er nun dem Hirtenchor erfüllt erweisen.« Bach hebt das Wort »erfüllt« mit einer Exclamatio hervor, genau wie im Bass-Accompagnato von Teil I die wichtigen Worte »als Mensch (geboren werden)« (I,7, Takt 53) und in der Engelsbotschaft das Wort »Heiland« (II,14, Takt 6).

Weihnachten erfährt hier eine *heilsgeschichtliche Deutung* aus dem Blickwinkel der Hirten, einer von eigener Armut geprägten »Perspektive von unten«. Dies ergänzt die Deutung des ersten Teils, die in der hochgestimmten Perspektive des königlichen Bräutigams erfolgt war. Stand also im ersten Teil der Heilbringer Christus als »Bräutigam« im Mittelpunkt, besungen von »Zion« als liebendes Gegenüber und durchscheinend auf Maria, so rücken jetzt die Hirten ins Zentrum. Mit ihnen als Empfängern der Weihnachtsbotschaft sollen die Hörer sich identifizieren. Das Gegenüber der Hirten ist kein Geringerer als Gott-Vater selbst, dessen Verheißung ja an sie ergangen war. Bach musikalisiert auch die Einheit von Erfüllung (»die Tat«) und Verheißung (»versprochen hat«) durch das musikalische Sinnbild gleicher Noten (*dis[1]* und *dis* in Takt 6 und 8). Der Klang der vier Oboen, die schlicht mit getupften Akkorden begleiten, hält indessen die Hirtenthematik wach. Dazu passt der Sologesang, dessen Verzicht auf jegliche Melismen als natürliche Schlichtheit wirkt, die der theologischen Charakteristik der Hirten entspricht. Martin Petzoldt nennt hierfür die Aspekte »Einsamkeit, Gefährdung seiner selbst und der anvertrauten Herde, Obdachlosigkeit, Nichtsesshaftigkeit, aber auch Bereitschaft zu Glauben und Vertrauen, immer unterwegs zu einem besseren Ziel, Angewiesenheit auf Gott, Kampfbereitschaft für die anvertraute Herde bis zur Selbsthingabe«.[5]

Zumindest im konkordant-biblischen Hintergrund klingen zwei weitere Deutungen der »Hirten« an: Die Glaubenden mögen sich mit ihnen identifizieren (Schlusschoral) und, wichtiger noch, Jesus wird nicht nur den Hirten verkündigt, sondern selbst zum »Guten Hirten«[6] werden. Als neuer David, nämlich als »Hirt und König« (IV,40, Takt 9), besingt ihn der Choral des vierten Teils.

Aria: »Frohe Hirten, eilt, ach eilet« (15)

Die Tenor-Arie greift den vom Engel verheißenen Affekt der Freude auf: »Frohe Hirten ... geht, die Freude heißt zu schön«. Im »Original«, der Kantate »Tönet, ihr Pauken!«, war diese Arie der Göttin Pallas Athene in den Mund gelegt, die zu einem »Neuen Lied« zu Ehren der Königin auffordert. Im Weihnachtsoratorium behält Bach den Grundaffekt der Freude bei, und eigentlich hätte die ursprüngliche Besetzung für Alt und Oboe d'amore in ihrer sinnlich-virtuosen Wirkung auch einen weihnachtlichen Sinn ergeben, zumal die Oboe d'amore ja bereits als Hirteninstrument eingeführt ist. Vermutlich aus zwei Gründen macht Bach sich jedoch die Mühe der Umarbeitung. Zum einen war die Kombination Alt mit Oboe d'amore bereits im ersten Teil (»Bereite dich, Zion«) erklungen, und zudem ist die solistische Altstimme zumindest in den Teilen I–III und V durch die marianische Assoziation belegt. Wichtiger aber scheint, dass er aus den bereits exponierten Instrumentenfamilien der Streicher (mit Flöten) und der Oboen nun die Flöte wählt, um gerade diese Musik der Sphäre der Engel zuzuordnen.

Formal fällt das Stück durch seine eigenartige Proportion auf. Unter den Arien (und Chören) im Weihnachtsoratorium ist allein dieses Stück in nur zwei Teile gegliedert: Teil A umfasst die Takte 1–60 (16 Takte Ritornell, 40 Takte Vokalsatz und 4 Takte Zwischenspiel), Teil B die Takte 61–131 (8 Takte Zwischenspiel, 27 Takte Vokalsatz, 4 Takte Zwischenspiel, 24 Takte Vokalsatz sowie das überraschend kurze achttaktige Nachspiel). Eine gewisse »Verschiebung« zwischen Wort und Ton ergibt sich zudem durch die Parodie, denn das Eilen, das Bach sich in Originalkompositionen als Bewegungsimpuls kaum entgehen lässt, hat keine rechte Entsprechung in der Musik. Die »virtuosen Eskapaden«[7] erklingen erst zu den späteren Zeilen. Von den Hörern werden sie aber wohl unbewusst auch mit dem Thema des »Eilens« verbunden.

Marias Wiegenlied

Evangelist: »Und das habt zum Zeichen« (16)

Auf der Ebene des Evangeliums befinden wir uns noch mitten in der Rede des Engels, also in der Partie des solistischen Soprans. Bach respektiert das aber eigenartigerweise nicht, denn er weist die Fortsetzung der Engelsbotschaft nun dem Evangelisten zu. Wollte er so verdeutlichen, dass die Musik jetzt wieder auf der Ebene des Evangeliums spielt? Helmuth Rilling[8] verweist auf die besondere Einheit dieser Szene, die durch den solistischen Tenor verkörpert wird: Zunächst wirkt seine Arie »Frohe Hirten« wie eine direkte Fortsetzung der Rede des Engels; und gleich nach dem kurzen Nachspiel dieser Arie übernimmt er sogar die Engelsbotschaft, die eigentlich die Sopranstimme zu singen hätte.

Choral: »Schaut hin, dort liegt im finstern Stall« (17)

In Bachs Musik hören wir von Weihnachten in Wort und Ton. Aber auch das Sehen kommt zu seinem Recht. Die Stärke des Hörens ist das sukzessive »Eins-nach-dem-anderen«, bisweilen zur simultanen Gestaltung auf mehreren Ebenen gesteigert. Dem Schauen hingegen eröffnet sich ein Gesamtbild, oft mit Hintergrund (hier der »finstre Stall«) und Vordergrund (das »Kind«). Ein solches Bild bietet diese Strophe, und Bach braucht es, um den Weg der Hirten gleichsam zu beschleunigen. Die Verheißung des Evangeliums kommt im Choral antizipierend schon zur Erfüllung. Dabei wendet der Choral die Emphase des Evangelisten, mit der Bach das Skandalon der Krippe hervorhebt, in das Bild der Niedrigkeit. Deshalb die für diesen Choral tiefe Tonart C-Dur als Sinnbild der Verheißung, der im Schlusschoral eine Quint höher die klangliche Erfüllung folgen wird. Vielleicht komponiert Bach – wir waren ja vom Schauen ausgegangen – hier auch den Blick, der sich zuerst nach unten richten muss wie die Melodik des Evangelistenrezitativs bei »Zeichen« und »Krippe«; dies entspricht dann der tiefen Lage dieser Strophe, die allerdings durch eine fast demonstrative Aufwärtsbewegung des Basses zum Wort »Herrschaft« im Sinne der Dialektik von arm–reich kontrapunktiert wird. Erst der Blick, der sich nach unten gewandt und so die Niedrigkeit dieser Geburt mitvollzogen hat, kann sich nach oben wenden, was dann im Schlusschoral des zweiten Teils geschieht.

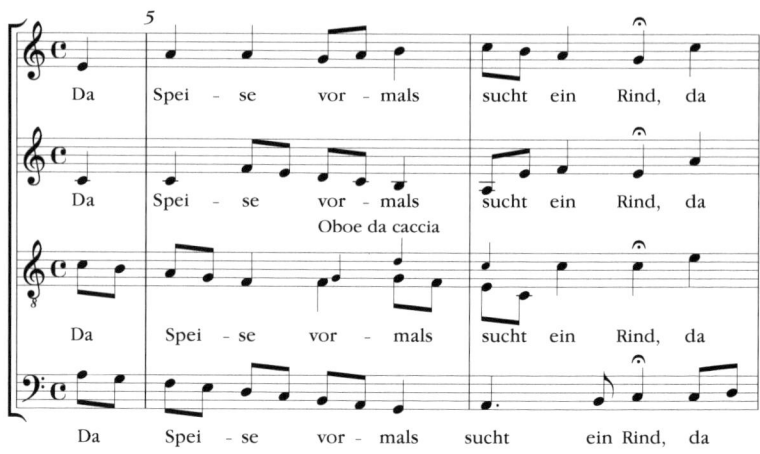

Erstaunen haben die Schlusstakte dieses Chorals ausgelöst. Dass die Oboe da caccia klanglich mit wenigen Tönen hervortritt, ist kaum verwunderlich, sind es doch die Hirten, denen die Strophe gilt. Warum aber eine synkopische Verschiebung der Bassstimme im vorletzten Takt, die zu den Worten »da ruhet itzt der Jungfrau Kind« kaum passen will? Am überzeugendsten scheint die Erklärung, dass man die Bassführung des Chorals mit jener der beiden nächsten Sätze zusammen hören darf. Bach variiert dort Wiegefiguren, denn das »Lied«, das die Hirten mit Maria anstimmen werden, ist ein Wiegenlied. Inwiefern dies mit dem Brauch des »Kindelwiegens« in Zusammenhang stehen könnte, lässt sich wohl nicht mehr eruieren. Joachim Kaisers Bemerkung, dass am Schluss des Chorals ein »Wackeln der Krippe«[9] komponiert ist, mag durchaus zutreffen. Das textliche Ruhen komponiert Bach als eine Art unruhiges »Anschubsen«, weil das musikalische Ziel der Ruhe ja erst mit dem Wiegenlied erreicht werden soll. Das »Lied zur Ruhe« ergibt nur dann einen Sinn, wenn nicht längst schon Ruhe herrscht. Auch familiär mag Bach diese Erfahrung sehr vertraut gewesen sein. Zur Zeit der Komposition des Weihnachtsoratoriums waren sieben seiner Kinder schon bzw. noch am Leben, das jüngste erst zwei Jahre alt.

Accompagnato: »So geht denn hin, ihr Hirten, geht« (18)

Das »Schauen«, zu dem der Choral die Hirten – und uns – aufgefordert hat, zeitigt Wirkung. Jetzt sollen die Hirten gehen, um zu finden, und dann bringt ihr Finden sie zum Singen – eine perfekte »Anmoderation« der Schlummerarie. Zeigte der Choral das Ziel noch schemenhaft mit Worten wie »Stall« und »Kind«, so werden die Bilder nun deutlicher auf das Wiegenlied hin transformiert: Die harte »Krippe« wird zur »Wiege«, wenn das Lied »aus einem süßen Ton« erklingt.

Musikalisch inspirierend sind die Worte »gehen« und »Wiegen«. Das erste erklingt als Imperativ, was der Continuo unmittelbar ausführt, mit zusätzlicher Steigerung von »gehen« zu »eilen«. Aber das war ja bereits der Impuls der Tenor-Arie: »Frohe Hirten, eilt, ach eilet«. Die Arpeggien versinnlichen das Eilen als Skopus dieses Satzes, jedoch nur, bis ein neues Stichwort musikalisch inspirierend wird: »Wiegen« ist Substantiv, wird aber von Bach hier als Vorgang gedeutet, was offenbar ein spontaner Entschluss während der Komposition war. Zunächst hatte er ab Takt 5 Sechzehntel notiert, die er dann in »wiegende« Triolengruppen änderte.

Aria: »Schlafe, mein Liebster, genieße der Ruh« (19)

»Den Mittelpunkt des [zweiten] Teils bildet das Schlummerlied, das, einer Altstimme zugeteilt, wohl den Gesang der heiligen Mutter abspiegeln soll: wie aus weiter Ferne kommt zuerst in den Instrumenten das Thema des Liedes und wird dann von der Altstimme aufgenommen: es ist, als ob Dürers heilige Muttergottes bei der Wiege des Kindes zu singen anhöbe.«[10] So kommentiert der Philosoph Wilhelm Dilthey (1833–1911) diese berühmte Arie.

Ursprünglich steht der Satz in B-Dur (vgl. die Übersicht der Vorlagen S. 25). Verführerisch singt der Sopran als »Wollust«, begleitet von Streichern und Continuo.

> Schlafe, mein Liebster, und pflege der Ruh,
> Folge der Lockung entbrannter Gedanken.
> > Schmecke die Lust
> > Der lüsternen Brust
> > Und erkenne keine Schranken.

Bach transponiert die Arie für das Weihnachtsoratorium nach G-Dur, also in die Haupttonart des zweiten Teils, und er weist den Solopart der Altstimme zu, die wir bereits als Symbol der Mutter Jesu und des Glaubens kennen gelernt haben. Begleitinstrumente sind jetzt vier Oboen. Die Hirten spielen in der Tat »mit gesamtem Chor«. Zudem verdoppelt Bach die Singstimme durch eine in der oberen Oktav mitspielende Flöte, das Instrument der Engel, das auch über dem Choral »Brich an, o schönes Morgenlicht« erglänzt. Zugleich erfüllt sich hier die Verheißung des Chorals aus dem ersten Teil: »und seinen lieben Engeln gleich« (I,5).

Arie in der Herkules-Kantate

Arie im Weihnachtsoratorium

Aufschlussreich sind wiederum einige Details des Bachschen Parodieverfahrens. Das Grundthema »Wiegenlied« verbindet das Urbild mit der weihnachtlichen Bearbeitung. Diese Gesamtstimmung ist wichtiger als die in den Worten ausgedrückte konkrete Absicht: Verführung des Herkules zur Wollust – geistlich-weihnachtliche Anregung zur »erlaubten« Lust. Dass die angebotene Ruhe in der Herkules-Kantate gar keine ist, verdeutlicht Bach in Takt 52 mit der überraschend-aufreizenden Exclamatio einer großen Sext g^1-e^2. Darauf verzichtet er in der eine kleine Terz tiefer (B-Dur – G-Dur) stehenden Fassung des Weihnachtsoratoriums, indem er die vokale Linie zum gleichen, nun aber oktavversetzten Zielton cis^1 stufenweise abwärts führt. Eine Imitatio, die vom Verb »folgen« inspiriert war (T. 77–80), wird in der Parodie inhaltlich neutralisiert, denn jetzt erklingt sie zum Wort »wachen«. Dass der Gegensatz von »schlafen« und »wachen« kein Echo in der Musik findet, weil das ursprüngliche Begriffspaar »schlafen–folgen« nicht antithetisch, sondern fast synonym gemeint war, mag dem »Kenner« auffallen, kaum aber dem »Liebhaber«, um es mit Worten Bachs zu sagen.

Am wichtigsten jedoch ist Bachs gravierende Umarbeitung des Vokalparts im Mittelteil. Eine Variante des Grundmotivs »Schlafe, mein Liebster« aus dem Rahmenteil passt sowohl auf die Worte »Schmecke die Lust der lüsternen Brust« wie auf »Labe die Brust, empfinde die Lust«. Dann aber erklangen im Urbild die Worte »und erkenne keine Schranken« als fast schon aufsässige Wiederholungsfigur, die in gleichsam schrankenlose Koloraturen mündet. Im Weihnachtsoratorium heißt der Text »wo wir unser Herz erfreuen«, was Bach dazu veranlasst, die Wiederholungen aufzugeben, damit er die koloraturenreiche Passage ausdehnen kann, so dass sie schon drei Takte früher einsetzt. Gemäß der Terminologie der musikalisch-rhetorischen Figurenlehre hat er damit eine abbildende Figur – die vom ganzen Tonraum Besitz nehmenden Koloraturen »malen« die Schrankenlosigkeit – in eine emphatische Figur verwandelt: Koloraturen als Sinnbild überschwänglicher Freude.

Friedensbotschaft und Schlusschoral

Evangelist: »Und alsobald war da bei dem Engel« (20)

Wohin richtet sich der weihnachtliche Blick? Während der Arie »Schlafe, mein Liebster« ruhte er auf der Krippe mit dem Kind, Maria und den ihren Gesang begleitenden Hirten. Durch einen »Szenenwechsel« lenkt Bach nun die Aufmerksamkeit wieder auf die chronologische Ordnung des biblischen Geschehens, die er vorübergehend außer Kraft gesetzt hatte. Die ungewöhnliche Betonung des »da (bei dem Engel)« mit dem Spitzenton a mag als Geste verstanden werden: da(-hin) sollt ihr, nach dem antizipierenden Intermezzo des Wiegenliedes, jetzt wieder schauen!

Chor der Engel: »Ehre sei Gott in der Höhe« (21)

Nach den Hirten und Maria rücken die Engel ins Zentrum mit einem groß dimensionierten Chor, dem bedeutsamsten der drei Bibelwort-Chöre im Gesamtwerk. Seine Wirkung ist nicht zuletzt dramaturgisch begründet, denn im zweiten Teil des Oratoriums sind bislang aus dem Mund des Chores ja nur zwei Choralstrophen erklungen. Übrigens ist im Textheft die Überschrift »Chor der Engel« größer gedruckt als die Überschriften zu den Turbachören der Hirten (Teil III) und der Weisen (Teil V).

Bach komponiert einen zweiteiligen Satz, wobei er die Engelsbotschaft, wie auch die meisten Prediger, in drei Abschnitte gliedert:

		A	A'
a. Ehre sei Gott in der Höhe		T. 1–25	49–57
b. und Friede auf Erden		T. 25–31	57–61
c. und den Menschen ein Wohlgefallen.		T. 31–49	62–65

Alfred Dürr stellt in seiner formalen Analyse dieses Satzes, der wir nun folgen, den motettischen Charakter heraus.[11] Dies bedeutet vokale Dominanz, weil die Instrumente nie thementragend sind; und dazu passt, dass Bach den unselbständigen und die Streicher (bisweilen auch oktaviert) verdoppelnden Part der Flöten wie schon bei der »Sinfonia« nicht in der Partitur notiert, sondern erst später eigenhändig in die Stimmen eingetragen hat. Vielleicht war der zweite Teil des Oratoriums ursprünglich ohne Flöten geplant? Dann hätte Bach spätestens bei der Arie »Frohe Hirten« mit obligater Flöte seinen Plan geändert.

Abschnitt a ist dreiteilig und verknüpft Satzprinzipien der Motette (typisch vokal) mit denen der Passacaglia (typisch instrumental), weil das mit Achteln umkreisend umspielte Bassmotiv in drei Phasen (T. 1–8, T. 9–17, T. 17–25) auftritt und zudem die Oktav als Sinnbild der Totalität umgreift.

Antithetisch setzt *Abschnitt b* ein: auf der Basis eines Orgelpunkts in überraschendem Piano und dissonanzenreich. In beiden Abschnitten stellt Bach die Aussage des Textes nicht statisch, sondern als geschehendes Ereignis dar: einmal als Bewegung, dann als emphatisches Sinnbild des Friedens. Die »Höhe« in Abschnitt a wird erreicht durch eine aufwärts strebende Basstonleiter, das Substantiv »Höhe« somit als Geschehen des »Erhöhens« musikalisch realisiert. Doch auch den »Frieden« in Teil b deutet Bach keineswegs als Zustand, wie es eben ist. Vielmehr wird der Friede musikalisch errungen in der Auflösung herb-»unfried-licher« Dissonanzen, wenn etwa gleich zu Beginn die im Alt erreichte Oktav durch die frei eintretende Non des Soprans dissonierend einge-färbt wird, was sich gleich darauf zwischen Tenor und Alt wiederholt. Selbst diese Auflösungen bleiben wie gefährdet und zerbrechlich – ein eindrucksvolles musikalisches Bild des bedrohten irdischen Friedens.

Abschnitt c kehrt im Forte und mittels Rückgriff auf die Achtelbewe-gung im Continuo zum Impuls des Anfangs zurück. Ein überaus leben-diges Motiv, dessen anfangs deklamierende Achtelnoten (»und den Men-schen ein …«) beim Wort »Wohlgefallen« mit Sechzehnteln aufgelockert werden, um dann ganz in Koloraturen überzugehen, läuft als Sinnbild der sich ausbreitenden frohen Botschaft fugiert und virtuos-jauchzend durch alle Stimmen.

Der zweite *Großabschnitt A'* beginnt in Takt 49 mit der Reprise des energischen Quartauftakts vom Beginn. Wie im »Zeitraffer« bringt er nochmals verkürzt die drei charakteristischen Abschnitte, die auf den – eigentlich typisch instrumentalen – Prinzipien der Passacaglia (a), des Orgelpunkts (b) und des Kanons (c) beruhen.

Günter Jena weist auf die klare Gliederung des Satzes hin: 24 Takte Himmel (»Ehre sei Gott in der Höhe«) und 24 Takte Erde (»Friede« und »Wohlgefallen«) im ersten Teil; dann im zweiten Teil durch Verkürzung 8 Takte Himmel und 8 Takte Erde sowie einen Schlusstakt.[12] Diese Glie-derung ist überzeugend und zeigt zudem, dass Bach an seiner Grundidee dieses Oratorienteils konsequent, jedoch ohne den Eindruck von Zwang, festhält. Himmelsmusik und irdische Musik begegnen einander, wobei sich fast immer ein Dreischritt ergibt: zunächst die Himmelsmusik (»Ehre sei Gott in der Höhe«), dann die irdische (»und Friede auf Erden«) und drittens die Konsonanz beider (»und den Menschen ein Wohlgefal-len«) als Konsequenz aus der Begegnung. Der verkürzte Reprisenteil ist klanglich und symbolisch zugleich eine Steigerung, denn nun reißt die Musik auch die Hirteninstrumente mit in ihren Jubel, und selbst der Continuo schlägt die Richtung der virtuosen Sechzehntel ein.

Accompagnato: »So recht, ihr Engel, jauchzt und singet« (22)

Der Bassist ergreift das Wort und verknüpft den Chor der Engel mit dem Schlusschoral. Bachs nachträgliche Änderung dieses Accompagnato in ein Secco haben wir schon gezeigt und beschrieben (S. 72). Wer aber ist eigentlich die solistische Bassstimme im zweiten Teil, der Bach sämtliche Accompagnati zuweist? Wir interpretieren ihn als Anteil nehmenden Kommentator. Im ersten Rezitativ hat er den Blick auf die Hirten gelenkt und sie beschrieben als die Empfänger jener Verheißung, deren Erfüllung sich weihnachtlich ereignet (Deutung). Im zweiten Rezitativ hat er die Hirten losgeschickt zum Kind, das sie finden und dem sie singen sollen (Handlung). Im dritten Rezitativ verbindet er organisch die Ebenen nach vorn und nach innen (Moderation).

Choral: »Wir singen dir in deinem Heer« (23)

Der Schlusschoral rahmt diesen Teil im Rückgriff auf die einleitende »Sinfonia«, also ähnlich wie beim ersten Teil (I,9) des Oratoriums. Bach wählt nun die zweite Strophe aus Paul Gerhardts Lied »Wir singen dir, Immanuel« (1653), das auf die Weise »Vom Himmel hoch, da komm ich her« gesungen wird. Auch diese Melodie erklang bereits zum Abschluss des ersten Teils. Nun jedoch steht sie, mitbedingt durch die tonartliche Disposition, eine Quart höher, dem Gesang der Engel somit näher. Ebenso wie im Schlusschoral des ersten Teils ist der Grundriss des vierstimmigen Satzes durch Zwischenspiele erweitert, was diese Choräle von den übrigen unterscheidet und als Schlusschoräle auszeichnet. Die Zwischenspiele der Streicher greifen zitierend die Motivik der »Sinfonia« auf, ja das anfängliche Motiv der Himmelsmusik aus der »Sinfonia« wird nun zum Fundament des Chorals, von den Streichern verdoppelt und mit Klängen der Bläser überstrahlt. Die Differenz zwischen Oboen (Hirten) und Flöten (Engel) ist ebenso aufgehoben wie die zwischen den Streichern und den Vokalisten, die sich nun geradezu himmlische Lagen zutrauen. Das Motto dieses Teils »mit Menschen- und Englischen Zungen« ist Wirklichkeit geworden.

Bachs »Sinfonia« als Musik der Hirten und der Engel (10)

Der Zusammenklang von irdischer und himmlischer Musik ereignet sich jedoch nicht erst am Schluss! Der soeben beschriebene Choral bringt das Element des Vokalen hinzu, weil Menschen (Hirten) und Engel in der Musik-Sprache des Chorals nun zusammen klingen. Ihr erster Zusammenklang war bereits die »Sinfonia« als wortloses Versprechen himmlisch-irdischer Konsonanz. »Ouvertüre« und »Finale« bilden somit eine klangliche, metrische und inhaltliche Einheit, die den gesamten Teil rahmt.

Dass die »Sinfonia« mehr ist als eine Einstimmung auf den Zweiten Weihnachtstag in der Tradition der Pastorellen, erkannte bereits Albert Schweitzer.[13] Als Erster deutet er sie als gemeinsam-wechselchöriges Musizieren der Engel (Streicher und Flöten) mit den Hirten (Oboen). Bach hat diesen Satz für das Weihnachtsoratorium neu komponiert und dabei zunächst wohl nur an die Doppelchörigkeit zwischen den vier Oboen und dem Streicherchor auf dem Fundament des Generalbasses gedacht. Deshalb fehlen in der Partitur die (mit den Violinen spielenden) Flöten, was die Zweichörigkeit optisch noch klarer zum Ausdruck bringt als das modern-korrekte Notenbild, das die Flöten über den Oboen notiert.

Albert Schweitzers Deutung hebt sich von der Philipp Spittas ab, welcher die »Sinfonia« romantisierend interpretiert hatte, indem er als ihren »Stimmungshintergrund« die »Lieblichkeit der orientalischen Idylle und den Ernst der sternklaren nordischen Winternacht«[14] in Anschlag brachte. Schweitzer hingegen betont den lebhaften Charakter des Stücks. Die schwungvolle Melodik der Streicher und Flöten im $12/8$-Takt hatte er im Rahmen seiner werkimmanenten Interpretation Bachscher Motive bereits dem Thema der Engelsmusik zugeordnet, mit Hinweisen auf etliche Kantaten, etwa zum Michaelisfest. Die vier Oboen haben ihre eigene Thematik und bilden somit einen eigenen »Chor«. Man erinnere sich an den Eingangschor des ersten Teils mit den Worten »Dienet dem Höchsten mit herrlichen Chören«, womit im Barock Vokal- und Instrumentalchöre gemeint sind. Hier nun steht dem herrlichen Engelschor das schlichte Blasen der Schalmeien durch die Hirten gegenüber. Doch hören wir Albert Schweitzer selbst: »Bach schreibt hier wieder Situationsmusik. Die Hirten wachen auf dem Felde und blasen auf ihren Schalmeien; über ihnen schwebt schon das Heer der Engel, das ihnen alsbald erscheinen soll. Ihr Spiel mischt sich in das der Hirten. So muß, nach Bachs Empfinden, das Stück beschaffen sein, das die Einleitung zum Rezitativ ›Und es waren Hirten in derselben Gegend auf dem Felde … und siehe des Herrn Engel trat zu ihnen‹ abgeben soll.«[15]

Bereits Taktart und Tonart sind in Konventionen eingebettet und zugleich mit Aussagen verbunden. G-Dur entspricht der Tradition der Pastorale, verleiht aber dem Schlusschoral später seinen hymnischen Charakter, weil die Liedstrophe dann in engelgleicher Höhe erklingen wird. Den $^{12}/_8$-Takt wählt Bach, wie Renate Steiger gezeigt hat, »wo immer er die Gegenwart des verheißenen Heils verkündigt sieht«.[16] Und mit der Gegenwart »himmlischer« Musik setzt der erste Chor (Streicher und Flöten) in fast schon galant zu nennendem Gestus ein. Der zweite Chor aber mit vier Oboen »formuliert sein Wiegenlied zu Ehren des neugeborenen Gottessohnes im Fauxbourdonsatz über liegendem Baß deutlich derber als der Chor der Streicher, der im Sinne ›moderner italienischer Melodik‹ nach dem Vorbild der Concerti grossi konzipiert ist; volkstümliche Hirtenmusik und englischer Reigen sind einander deutlich gegenübergestellt«.[17] Dies impliziert zwei Arten der musikalischen Bewegung: fast schwebende Leichtigkeit in den Streichern und Flöten sowie eher schreitende, bisweilen fast statische Klänge der Oboen, die erst nach und nach bewegter und beweglicher werden.

Helmuth Rilling hat auf etliche Übereinstimmungen zwischen der »Sinfonia« und den weiteren Sätzen dieses Teils hingewiesen.[18] Rhythmische Anklänge hören wir in der Wiegenlied-Arie, das melodisch exponierte Intervall der kleinen Non aus dem Mittelteil der »Sinfonia« kehrt wieder bei den Worten »und Friede auf Erden« im Engelschor. Von entscheidender Bedeutung sind jedoch die Schlusstakte des Eingangssatzes.

Im vorletzten Takt übernehmen die Oboen das schwungvolle Thema von den Streichern, während diese pausieren und den »Hirten« zuhören. Im letzten Takt vereinen beide Chöre sich in einem langen Akkord, der die Botschaft dieses genialen Stücks unterstreicht: die Musik der Engel und der Hirten im Zusammenklang als Sinnbild der Vereinigung des Irdischen mit dem Himmlischen.

Martin Geck hat pointiert darauf hingewiesen, dass der monumentale Eingangschor der Bach'schen Johannespassion »am Anfang einer deutschen Auffassung von ernsthafter Sinfonik steht«.[19] Mit dieser »Sinfonia« zum zweiten Teil des Weihnachtsoratoriums setzt der Thomaskantor ein Signal in eine ähnliche Richtung: eine »Sin-fonia« als Beginn im Sinne einer »Ouvertüre«, die nicht nur formal einleitet, sondern den Gehalt des Werkes vorstellt und den Schlüssel zum Verständnis bietet – und dabei ihre Überschrift geradezu wörtlich ernst nimmt.

Teil III

»Herrscher des Himmels, erhöre das Lallen«

Gott und Mensch im Dialog der Liebe

Blick in die Werkstatt

Bei sämtlichen Arien und Chören des Weihnachtsoratoriums wollte Bach mittels des Parodieverfahrens auf bereits vorhandene »weltliche« Werke zurückgreifen, um deren Musik durch Umtextierung mitsamt subtiler musikalischer Veränderungen (Tonart, Besetzung, Motivik, Artikulation etc.) im Werkzusammenhang des Oratoriums ihren wohl endgültigen Platz zuzuweisen. Bei je einem Solo- und einem Chorsatz hat er diesen Plan jedoch aufgegeben und sich kurzfristig zu einer Neukomposition entschlossen.

Die einzige neu komponierte Arie ist »Schließe, mein Herze, dies selige Wunder« im dritten Teil. Zunächst war eine Bearbeitung der Arie »Durch die vom Eifer entflammten Waffen« aus der zum Jahrestag der Königswahl Augusts III. zum König von Polen aufgeführten Glückwunschkantate »Preise dein Glücke, gesegnetes Sachsen« vorgesehen. Diese Musik war am 5. Oktober 1734 in Leipzig erklungen, also nur wenige Wochen vor dem Weihnachtsoratorium.

Dann entschied Bach sich, wie im Autograph oben auf dieser Seite noch gut erkennbar, für eine Neukomposition mit der Besetzung Flöte(n), zwei Violinen, Viola, Alt und Continuo. Erst nach mehr als 20 Takten hat er diesen Versuch abgebrochen und durchgestrichen, um gerade diese Stelle des Werkes mit einer noch intimeren Musik auszuzeichnen. Der Kompositionsprozess dokumentiert hier zugleich Bachs Intention zu einer höchst verinnerlichten Musik. Deshalb ersetzt er das anfänglich geplante markante Thema durch ein ruhig-meditatives. Eine weitere Änderung bringt die neue Instrumentierung: Bach korrigiert seine erste Anweisung »Violini unisono« nochmals in das den Hörern so vertraute Violino solo, wobei er »unisono« in »solo« ändert, den Plural »Violini« aber versehentlich unkorrigiert stehen lässt.

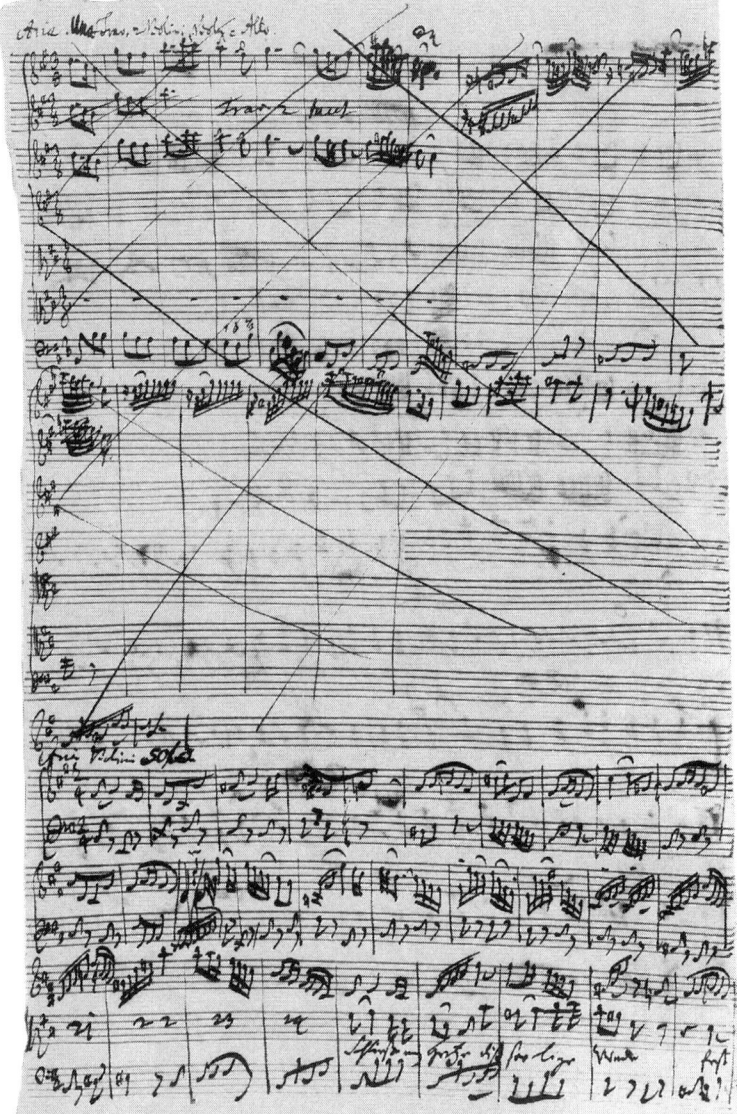

Text und Besetzung

24. Coro [S, A, T, B, Trba. I–III, Timp., Fl. I, II, Ob. I, II, Str., B. c.]

Herrscher des Himmels, erhöre das Lallen,
Lass dir die matten Gesänge gefallen,
Wenn dich dein Zion mit Psalmen erhöht!
Höre der Herzen frohlockendes Preisen,
Wenn wir dir itzo die Ehrfurcht erweisen,
Weil unsre Wohlfahrt befestiget steht.

25. Evangelista [T, B. c.]

»Und da die Engel von ihnen gen Himmel fuhren, sprachen die Hirten
untereinander:«

26. Chorus [S, A, T, B, Fl. I + II + Viol. I (+ Hbl., Viol. II, Va.)]

»Lasset uns nun gehen gen Bethlehem und die Geschichte sehen, die da
geschehen ist, die uns der Herr kundgetan hat.«

27. Recitativo [B, Fl. I, II, B. c.]

Er hat sein Volk getröst',
Er hat sein Israel erlöst,
Die Hülf aus Zion hergesendet
Und unser Leid geendet.
Seht, Hirten, dies hat er getan;
Geht, dieses trefft ihr an!

28. Choral [S, A, T, B, B. c. (+ Hbl. + Str.)]

Dies hat er alles uns getan,
Sein groß Lieb zu zeigen an;
Des freu sich alle Christenheit
Und dank ihm des in Ewigkeit.
Kyrieleis!

29. Aria Duetto [S, B, Ob. d'am. I, II, B. c.]

Herr, dein Mitleid, dein Erbarmen
Tröstet uns und macht uns frei.
    Deine holde Gunst und Liebe,
    Deine wundersamen Triebe
    Machen deine Vatertreu
    Wieder neu.

30. Evangelista [T, B. c.]

»Und sie kamen eilend und funden beide, Mariam und Joseph, dazu das Kind in der Krippe liegen. Da sie es aber gesehen hatten, breiteten sie das Wort aus, welches zu ihnen von diesem Kind gesaget war. Und alle, für die es kam, wunderten sich der Rede, die ihnen die Hirten gesaget hatten. Maria aber behielt alle diese Worte und bewegte sie in ihrem Herzen.«

31. Aria [A, Viol. I solo, B. c.]

Schließe, mein Herze, dies selige Wunder
Fest in deinem Glauben ein!
    Lasse dies Wunder, die göttlichen Werke,
    Immer zur Stärke
    Deines schwachen Glaubens sein!

32. Recitativo [A, Fl. I, II, B. c.]

Ja, ja, mein Herz soll es bewahren,
Was es an dieser holden Zeit
Zu seiner Seligkeit
Für sicheren Beweis erfahren.

33. Choral [S, A, T, B, B. c. (+ Hbl. + Str.)]

Ich will dich mit Fleiß bewahren,
Ich will dir
Leben hier,
Dir will ich abfahren,
Mit dir will ich endlich schweben
Voller Freud
Ohne Zeit
Dort im andern Leben.

34. Evangelista [T, B. c.]

»Und die Hirten kehrten wieder um, preiseten und lobten Gott um alles, das sie gesehen und gehöret hatten, wie denn zu ihnen gesaget war.«

35. Choral [S, A, T, B, B. c. (+ Hbl. + Str.)]

Seid froh dieweil,
Dass euer Heil
Ist hie ein Gott und auch ein Mensch geboren,
Der, welcher ist
Der Herr und Christ
In Davids Stadt, von vielen auserkoren.

24. Coro: (wird wiederholt)

Thema und Aufbau

Am Dritten Weihnachtstag, dem 27. Dezember 1734, musizierte Bach Teil III des Oratoriums, der das Evangelium des Zweiten Festtags zur Grundlage hat. Erklungen ist diese Musik damals nur im Frühgottesdienst zu St. Nicolai, weil es am Dritten Feiertag in der Vesper keine Figuralmusik gab. Bach kehrt mit diesem Teil des Weihnachtsoratoriums zur Grundtonart des Gesamtwerkes, D-Dur, zurück. Als Neuerung führt er eine bislang noch nicht verwendete Spielart der Rahmung ein, zu der er sich möglicherweise kurzfristig entschlossen hat, was erklären könnte, dass der Textdruck sie nicht verzeichnet. Der prächtige Eingangschor wird am Ende wiederholt, vielleicht weil der an vorletzter Stelle stehende Choral im Kontext der Gesamtbesetzung mit den drei uns vom ersten Teil schon bekannten Trompeten und Pauken ein zu geringes Gewicht entfaltet hätte. Doch auch inhaltlich passt der große Chor sehr wohl an das Ende dieses Teils, zumal das letzte Rezitativ des Evangelisten vom Loben und Preisen der Hirten berichtet, was der Chor dann ausführt.

Die Disposition läuft auf drei ungleich lange und ungleich gewichtige »Szenen« hinaus, deren jede vom Evangelisten eröffnet wird. Die erste Szene (25–29) geht von der biblisch berichteten Reaktion der Hirten auf die Engelsbotschaft aus. Sie machen sich auf gen Bethlehem. Eigentliches Thema ist aber nicht ihr Weg zur Krippe, sondern vielmehr »die Geschichte«, die ihnen der Herr kundgetan hat. Das Bass-Accompagnato deutet deren Inhalt heilsgeschichtlich mit den Worten »Er hat sein Israel erlöst«. Eine Choralstrophe bringt die Gemeinde ins Spiel: »Dies hat er alles uns getan«. Dann folgt eine Explikation als dialogische Ausführung, denn das Liebesduett zwischen Sopran und Bass »inszeniert« die menschlich-göttliche Liebe, die im Gott-Menschen Jesus Christus begründet ist.

Eigenartigerweise spielen die Hirten bislang kaum eine Rolle, was auch noch für die zweite Szene (30–33) gilt. Der Evangelist berichtet nun, wie sie das Kind finden. Bach unterbricht ihn dabei mit Bedacht nicht, sondern lässt ihn weiterfahren bis zur Schilderung Marias, die »alle diese Worte« in ihrem Herzen bewegt. Die Erklärung für Bachs Disposition ist einfach. Eine Betrachtung des Hirtenthemas erübrigt sich im dritten Teil, weil sie bereits antizipierend im zweiten erfolgt war. Die Arie der Symbolgestalt Maria setzt hier deren vorige Arien fort: sehnliche Erwartung (Teil I), freudige Erfüllung (Teil II) und liebende Erinnerung (Teil III). Das Accompagnato »Ja, ja, mein Herz soll es bewahren« bekräftigt die Arie, bevor der Choral »Ich will dich mit Fleiß bewahren« die Szene beschließt. Seine Botschaft besagt, dass die innige Liebesverbindung zwischen Mensch und Gott im Leben wie im Sterben gilt: »ich will dir leben hier« und »dir will ich abfahren«. Das ist bereits ein Vorausblick auf das Thema der Lebens- und Sterbekunst im vierten Teil.

In der dritten Szene (34–35) berichtet der Evangelist ein letztes Mal von den Hirten. Die anschließende Choralstrophe hebt das ins Allgemeine, indem sie mit der Freude als dem Affekt der Hirten einsetzt, dann aber resümierend das Thema dieses Teils nennt: »ein *Gott* und auch ein *Mensch* geboren«. Weil in Christus Gott und Mensch vereint sind, herrscht zwischen den Menschen und Gott ein ganz neues Verhältnis der Liebe (»sein groß Lieb zu zeigen an«). Die Theologie der Bachzeit deutet dies im Rahmen der weihnachtlichen Christologie (Inkarnation, Zweinaturenlehre) als Überbietung und Erfüllung der bereits im Alten Testament bezeugten Liebe zwischen Gott und den Menschen (Hohelied, Propheten).

Die Rahmung dieses Teils mit ein und demselben Chorsatz »Herrscher des Himmels, erhöre das Lallen« weist vielleicht auf eine in Bachs Werk nicht selten anzutreffende achsialsymmetrische Ordnung des gesamten Teils. Eingangs- und Schlusschor bilden den äußeren Rahmen. An zweiter (25–27) und vorletzter Stelle (34–35) steht das Hirtenthema. In der Mitte hören wir das Evangelium (30), flankiert von zwei »Variationen« des Grundthemas zu diesem Teil: die erotisch getönte Liebe im Duett »Herr, dein Mitleid, dein Erbarmen« sowie die liebende Erinnerung in der Arie für Alt und Violine »Schließe, mein Herze, dies selige Wunder«. Bewundernswert ist, wie überzeugend Bach diese Thematik in die Verkündigung des Evangeliums »einträgt«, die doch eigentlich den Hirten galt.

Eine mögliche Frühfassung?

Bachs Disposition der Teile des Weihnachtsoratoriums ist überaus schlüssig. Nur an wenigen Stellen kommt es zu Spannungen zwischen den beiden Richtungen »nach vorn« und »nach innen«. Dies betrifft insbesondere den zweiten (und dritten) Teil mit dem »Wiegenlied« (II,19), das ja gespielt und gesungen wird, noch bevor die Hirten die Krippe als ihr

Ziel erreicht haben. Bach hat, wie wir gesehen haben, ihren Weg in Teil II durch geschickt eingefügte Accompagnati und Choralstrophen einfach beschleunigt.

Albert Schweitzer plädierte dafür, die meisten Arien des Werkes zu streichen, das »Wiegenlied« jedoch vom zweiten in den dritten Teil zu »versetzen«, wohin es seiner Ansicht nach sehr viel besser passt: »Nur das Wiegenlied ›Schlafe, mein Liebster‹ behalte man bei, versetze es aber an den Platz, an den es der Handlung nach hingehört: an den Schluss des Rezitativs ›Und sie kamen eilend … Maria aber behielt alle diese Worte und bewegte sie in ihrem Herzen‹. Dann ist es das Wiegenlied, das die Mutter dem himmlischen Kind singt, nun sie wieder mit ihm allein ist.«[1] Ausgehend von diesem Vorschlag, den glücklicherweise niemand beherzigt, soll zumindest gefragt werden, ob vielleicht noch weitere Sätze des zweiten Teils ursprünglich für den dritten vorgesehen waren. Schweitzers Kritik lesen wir dabei als Hinweis: Vielleicht gab es einen früheren Plan zur Konzeption des dritten Teils, der sich noch andeutungsweise rekonstruieren lässt. Ein erstes »Indiz« sind einige kleine Unstimmigkeiten im zweiten Teil, denen – zumindest hypothetisch – Stimmigkeiten im dritten entsprechen. Muss es nicht verwundern, dass im zweiten Teil so früh schon von »Erfüllung« die Rede ist (II,14), dass die Hirten dann »eilen« (II,15), später aber wiederum nur noch »gehen«, und dass sie das Kind schon »schauen« sollen (II,17), bevor sie überhaupt im Stall und an der Krippe angelangt sind? Im dritten Teil ergeben sich hingegen einige überaus stimmige textliche Kongruenzen, die in der Übersicht kursiv markiert sind: »Frohe Hirten, *eilt, ach eilet*« – »Und sie kamen *eilend*«; oder »das Kind in der Krippe *liegen*« – »Schaut hin, dort *liegt* im finstern Stall«. Die gemäß dieser These später im zweiten Teil platzierten Sätze sind halbfett markiert. Ein möglicher erster Plan dieses dritten Teils könnte also etwa so gelautet haben:

Eingangschor:	Herrscher des Himmels	D
Evangelium:	Und da die Engel … Hirten untereinander:	E–A
Chorus:	Lasset uns nun gehen gen Bethlehem	A–cis
Accompagnato:	Er hat sein Volk getröst'	cis–?
Aria:	**Frohe Hirten, eilt, ach eilet (Bass?)**	**h !**
Evangelium:	Und sie kamen *eilend* …	fis?
	Kind in der Krippe *liegen*	?
Choral:	**Schaut hin, dort liegt**	**C**

Evangelium:	Da sie es aber gesehen hatten ...	?
	Hirten gesaget hatten	?
Accompagnato:	So recht, ihr Hirten	
	(anderer Text weiterführend)	C
Aria:	**Schlafe, mein Liebster**	**G!**
Evangelium:	Und alle, für die es kam ...	
	und bewegte sie in ihrem *Herzen*	?
Accompagnato:	Ja, ja, mein *Herz* soll es *bewahren*	D–G
Choral:	Ich will dich mit Fleiß *bewahren*	G
Evangelium:	Und die *Hirten* kehrten wieder um ...	
Accompagnato:	So geht denn hin, ihr *Hirten* ...	
	(anderer Text weiterführend)	a–G
Eingangschor:	Herrscher des Himmels	D

Mehr als hypothetisch kann und will eine solche Überlegung nicht sein. Sie könnte aber immerhin einige ungewöhnliche Aspekte im zweiten und dritten Teil des Werkes erklären: zum einen – als Grundidee der Disposition – das Gewicht der Hirtenthematik (II), das größer ist als seine biblische Vorgabe; zum anderen die eigenartige Platzierung des Wiegenliedes. Schließlich kann als Argument angeführt werden, dass die beiden Arien »Frohe Hirten« und »Schlafe, mein Liebster« in den dritten Teil ohne Transposition hätten übernommen werden können. Und vielleicht hängt auch die nachträgliche Einführung der Flöten im zweiten Teil ja damit zusammen, dass sie erst geplant wurden, als der Arie »Frohe Hirten« mit obligater Flöte dort ihr endgültiger Platz zugewiesen wurde?

Der Rahmenchor:
»Herrscher des Himmels, erhöre das Lallen« (24)

Den Schlusschor aus der Königin-Kantate »Tönet, ihr Pauken!« arbeitet Bach zum Rahmenchor des dritten Teils um, nachdem schon der Librettist mit der Umdichtung sein Möglichstes versucht hatte. Die Gliederung dieses Satzes[2] ist besonders klar, denn zwei Abschnitte (A und B) mit je drei Gliedern zu 16 Takten folgen aufeinander. Innerhalb von A bzw. B herrscht eine Art abgewandelte Dacapo-Form, denn jeweils folgt auf einen instrumentalen Abschnitt (a) zunächst ein vokal dominierter polyphoner Mittelteil, bei dem die Singstimmen nacheinander einsetzen (b), worauf der Anfangsteil in vokal-instrumentaler Steigerung (c) wiederkehrt. Wir erkennen in (c) zum einen den typischen »Vokaleinbau« des Chores in eine zuvor schon erklungene Instrumentalmusik, zum anderen aber auch den Höhepunkt einer in sich dynamisch angelegten Entwicklung: instrumentale Einleitung (a), vokaler Mittelteil mit begleitendem Instrumentalpart (b), vokal-instrumentale Vereinigung als »Synthese« (c). Zusammengehalten wird dieser Dreischritt durch den freudigen Tanzcharakter des gesamten Satzes, der einem Passepied entspricht.

Vielleicht gibt es noch weitere Strukturähnlichkeiten zwischen Wort und Ton. Wie so oft sind sie kaum zwingend, sondern eher assoziativ. In die Zweiteiligkeit der großen Architektur ist jeweils eine Dreiteiligkeit eingebaut, deren Prinzip a–b–ab zumindest der Gesamtidee dieses Teils entspricht. Um Mensch und Gott geht es, und um die Möglichkeit der Vereinigung beider. Diese ist in Christus als dem Mensch gewordenen Gott gemäß der Zweinaturenlehre vollkommen, den Menschen immerhin verheißen. Bach wird im Duett dieses Teils einige musikalische Anstrengung aufbieten, den zweiten Aspekt bereits andeutend Gegenwart werden zu lassen.

Duettierender Gesang der Liebe

Evangelium und Chorus: »Lasset uns nun gehen« (25, 26)

Auf die Einleitung des Evangelisten folgt der erste Bibelwortchor, der dem Modell des Turba-Chores entspricht. Durch den typischen Attacca-Übergang ist dieser Chor, wie es auch in den Passionsmusiken üblich ist, in das einleitende Rezitativ des Evangelisten quasi »eingehängt«. Die überaus bewegte Instrumentalstimme der beiden Flöten und der ersten Violine steigert das »Gehen« der Hirten zum »Eilen«.

Diese virtuose Hirtenmusik wurde bislang recht gegensätzlich interpretiert. Friedrich Smend deutete die abwechselnde Auf- und Abwärtsbewegung hoch theologisch als musikalisches Bild »der einen wahren Umkehr, der Buße, ohne die es keinen Weg zu Christus gibt«.[3] Dem darf entgegnet werden, dass ein solch froher und aufmunternder Hirtengesang kaum zu Bachs sonstiger Musik der Buße passen will. Auch wäre die von Smend angeführte, in den letzten Takten des Continuo angeblich versteckte Melodie von »O Haupt voll Blut und Wunden«, die den Weg nach Bethlehem zugleich als Weg nach Golgatha charakterisieren soll, ein krasser Verstoß gegen die bei Bach fast immer anzutreffende Einheit der Bereiche »sinnlich« und »sinnvoll«, von der wir uns bislang leiten ließen.

Helmuth Rilling bleibt nahe am Wortlaut und deutet den gegenläufigen Kontrapunkt als Ratlosigkeit der Hirten, wohin sie denn gehen sollen.[4] In der Tat wird die aufsteigende Linie des Tenors mit einer vom gleichen Ton *a* ausgehenden absteigenden der Bässe beantwortet; und auch die instrumentale Oberstimme scheint unschlüssig, denn sie kehrt nach zwei Takten skalenhafter Sechzehntelbewegung wieder dorthin zurück, wo sie begonnen hatte. Solche Abbildlichkeit ist freilich ebenso einleuchtend wie unbeweisbar. Gesichert scheint allenfalls, dass die Füh-

Chorus Nr. 26: »Lasset uns nun gehen gen Bethlehem« (T. 1–5). Stimmenauszug: virtuose instrumentale Oberstimme (»Eilen«) sowie Tenor und Bass in Gegenbewegung (»Wohin?«)

rung der Vokalstimmen ein »Gehen« signalisiert, das die instrumentale Oberstimme überbietend zum »Eilen« intensiviert. Dafür mag der Gesamtduktus des Werkes verantwortlich sein: Zum Eilen waren die Hirten ja schon im zweiten Teil aufgefordert worden. Aber auch ohne diese Deutung wäre die zusätzliche bewegte Oberstimme typisch für Bachs Modell des Turba-Chores, dem er hier folgt.

Ab Takt 15 folgt ein zweiter Teil zu den Worten »und die Geschichte sehen«, wobei Bach jeweils den Artikel »die« geradezu demonstrativ mit einer zusätzlichen Betonung mittels Längung versieht. Aber ist nicht *die* Geschichte tatsächlich die »Geschichte aller Geschichten«? In dem Wort »Geschichte« steckt nicht nur der Ursprung der älteren Gattung der Weihnachts-*Historie*, sondern zugleich die lutherische Betonung des tatsächlich Geschehenen, auf dessen Bericht jede Deutung aufbauen muss. Und das mag auch – selbst wenn Bach daran nie gedacht hat – für heute bedeutsam sein: Die Weihnachts*geschichte* gründet in einem historischen Ereignis (»Es begab sich aber zu der Zeit«) und nicht in einem Mythos, der »immer ist und niemals war«.[5]

Accompagnato: »Er hat sein Volk getröst'« (27)

Das Accompagnato ist in den Schluss des Hirtenchores hineinkomponiert. Es umschreibt die »Kunde« bibeltheologisch und sagt den Hirten in direkter Ansprache »Seht, Hirten«, was sie sehen und antreffen werden. Dabei schlägt es gleich im ersten Abschnitt eine Brücke von »Israel« über »Zion« zu »uns«. Die innere Bewegung führt also zunächst von der Explicatio zur Applicatio. Der zweite Abschnitt »Seht, Hirten« richtet den Blick hingegen zur Explicatio zurück, doch gerade so kann der Übergang zum Choral ein weiteres Mal den Schritt von der Darstellung (»dies hat er getan«) zur Aneignung vollziehen: »Dies hat er alles uns getan«. Beide Abschnitte des Accompagnatos beschließen die Flöten mit einer bestätigenden Figur (punktierte Achtelnote mit zwei angehängten Sechzehnteln), die zugleich den Beginn des Duetts »Herr, dein Mitleid« vorwegnimmt.

Insgesamt sind die Sätze 26 bis 28 ein Musterbeispiel für die Kunst des Übergangs mittels Stichwortanschluss in Bachs Weihnachtsoratorium. Der Übergang von der historischen Grundrichtung »nach vorn« zur spirituellen »nach innen« ergibt sich als eine Art Verschränkung. Sie wird poetisch geleistet durch ein einziges Stichwort, das sich im Verlauf der drei Sätze jedoch verändert: von »kundgetan« (Evangelium als Narratio) über »getan« (Accompagnato als Explicatio) zu »uns getan« (der folgende Choral als Applicatio).

Choral: »Dies hat er alles uns getan« (28)

Die siebte und letzte Strophe aus Martin Luthers Lied »Gelobet seist du, Jesu Christ« zielt nun, wie bereits ausgeführt, explizit auf die Aneignung. Wie die Passion und alle Heilsgeheimnisse Christi ist auch die Menschwerdung »uns zugut« geschehen: pro nobis. Die dadurch ausgelöste Freude überschreitet das regelhafte Maß, so wie die aufsteigende Linie des Basses die Oktav als Sinnbild der Fülle überschreitet zur Non (T. 4f.). Ins Dreiermetrum verändert, war eine Strophe dieses Chorals (»Er ist auf Erden kommen arm«) bereits als allererste Strophe des Gesamtwerkes erklungen. Wie intensiv das poetisch-musikalische »Teamwork« beim Weihnachtsoratorium gewesen sein muss, zeigt dann der Übergang von diesem Choral zum folgenden Duett. Mit der Erbarmensbitte »*Kyrieleis*«, wiederum polyphon gesteigert, schließt der Choral. Und das Duett greift dies auf: »*Herr*, dein Mitleid, dein *Erbarmen*«.

Aria Duetto: »Herr, dein Mitleid, dein Erbarmen« (29)

Herkules (Alt) und die Tugend (Tenor) waren die »originalen Protagonisten« dieses Duetts.

> Herkules:
> Ich bin deine,
>
> Tugend:
> Du bist meine,
>
> beide:
> Küsse mich,
> Ich küsse dich.
> > Wie Verlobte sich verbinden,
> > Wie die Lust, die sie empfinden,
> > Treu und zart und eiferig,
> > So bin ich.

Der ursprüngliche Text ist bereits von der Dichtung her als opernhafter Dialog angelegt. In der weihnachtlichen Bearbeitung wird jedoch der

Sprechgestus entscheidend verändert, nämlich von einem Dialog zu einer Aussage, an deren Vertonung als solistisch-»monologischer« Aria niemand hätte Anstoß nehmen können. Dennoch ist die Botschaft immer auf eine Zweigliedrigkeit hin angelegt, die musikalisch nutzbar ist. Im Wortlaut dialogisieren nun undramatisch »Mitleid« und »Erbarmen« sowie »Gunst« und »Liebe«.

Erst durch die Musik – instrumental wie vokal – wird dieses Stück wirklich dialogisch und dramatisch. Der monologische Wortlaut gewinnt dadurch *gestisch-musikalische Intensität*. Bach transponiert die Vorlage von F-Dur (Grundtonart der Herkules-Kantate und im Weihnachtsoratorium die Tonart des vierten Teils) nach A-Dur, also in die Dominante von D-Dur, der Grundtonart dieses dritten Oratoriumsteils. Das ist einerseits aus Gründen der Disposition einsichtig, könnte aber zugleich mehr als ein notwendiges Übel gewesen sein; impliziert diese Transposition doch die Verschiebung der Stimmlagen, die nun neu bedeutsam werden. In der weltlichen Vorlage war der elfjährige Herkules ein Alt(us), die Tugend war dem Tenor zugewiesen. Nun ist der Sopran die Oberstimme, die mit dem Bass dialogisiert, was der von Bach bevorzugten Simmenkombination in geistlich-erotischen Duetten entspricht. Die Bassstimme erklingt analog zur Tradition der Passionsmusik als

»Vox Christi«, der Sopran hingegen als Stimme des Glaubens und der Andacht, die nach lutherisch-barocker Auffassung zum einen die »hell-lautende Stimme ist, die hoch hinauf steigt« und zum anderen diejenige, »die nach dem Bass soll gerichtet werden«.[6]

Typische Mittel des Bachschen Liebesduetts sind der Tanzcharakter sowie ein großer Reichtum an Koloraturen. Man vergleiche etwa die beiden Duette zwischen Sopran und Bass – einmal im Modus der Erwartung, dann der Erfüllung – in der Kantate »Wachet auf, ruft uns die Stimme« (BWV 140). Auch im Duett des Weihnachtsoratoriums sind die vielen Verzierungen zweifach zu deuten: zum einen abbildlich als Schmuck der Braut (Hohelied 1,10f.), zum anderen emphatisch als Steigerung des freudigen Affekts in die Regionen des Ekstatischen. Dabei besteht die Motivik ausschließlich aus Ableitungen des anfänglichen Ritornells, was wiederum die Einheitlichkeit des gesamten Satzes garantiert.

In der Struktur des Werkes ergibt sich dann noch eine Art potenzierte Form des Duettierens, indem die instrumentalen und vokalen Stimmen nicht nur abwechselnd, sondern auch in gegenseitiger Überlagerung erklingen, sich jedoch nicht »überkreuzen« (etwa als Kombination eines Instruments mit je einer Vokalstimme) wie in Bachs Echo-Arie. Bach kam es wohl auf den Skopus des Dialogisierens an. Da je zwei Partner vokal und instrumental daran beteiligt sind, ergibt sich auf der höheren Ebene ein zusätzlicher Dialog zwischen vokal und instrumental. Ein wahrlich »intricates« Duett!

Die liebende Erinnerung

Evangelium: »Und sie kamen eilend« (30)

Die Rückkehr zum Evangelium bedeutet einen Wechsel des »Subjekts«. Jetzt sind wir wieder bei den Hirten, von denen der Evangelist berichtet. Und wieder findet Bach eine neue, bislang im gesamten Werk nicht verwendete Gestaltung, nämlich mit Zwischenspielen des Continuo, die den langen Vortrag des Evangelisten gliedern und zusammenbinden, vielleicht sogar die nicht unberechtigte Hörer-Erwartung nach einer betrachtenden Unterbrechung etwas unterdrücken. Eine »richtige« Zäsur mittels Kadenz nach e-Moll setzt Bach mit Bedacht erst vor dem entscheidenden Vers, in welchem Maria als Symbolgestalt des Glaubens ein-

Ma - ri - a a - ber be - hielt al - le die - se Wor - te und be -

-weg - te sie in ih - rem Her - zen.

geführt wird. Dann folgt ein weiteres Zwischenspiel bereits nach einem Halbvers. Es schließt sich jedoch kein Halteton an wie bei den vorigen Zwischenspielen; vielmehr mündet es nun in eine chromatisch absteigende Tonfolge, während die Melodik des Evangelisten in emphatische Höhen aufsteigt. All dies dient der Ankündigung einer ganz besonderen Arie.

Aria: »Schließe, mein Herze, dies selige Wunder« (31)

Nicht als extrovertierter Dialog wie das Duett von Sopran und Bass, sondern als intimes Zwiegespräch zwischen Violine und Altstimme erklingt diese berühmte Arie. Das eröffnende Ritornell beginnt mit einer Umspielung der Quint zu h-Moll, senkt sich sodann gleichsam in den h-Moll-Dreiklang, um sich, nach einem Aufschwung über eine Oktav und der Wiederholung des Anfangsrhythmus, in Sechzehnteln gleichsam zu verströmen. Dichte und Weite sind so gleichermaßen komponiert, ebenso gehen Ausdruck und Ordnung eine Symbiose ein.

Erst nach 24 Takten setzt die Singstimme mit dem Grundmotiv ein, wie erfüllt vom Gehörten. Die Violine begleitet zunächst einen Takt lang in der Unterterz, dann in ständiger überaus kantabler und melodisch weiträumiger Umspielung der Altstimme. Das »Einschließen« des Wunders im Glauben wird so als dialogisches Spiel vorbereitet. In Takt 35 deutet Bach dies dann als vollkommene Aneignung bis zur »Unio mystica«, wenn die beiden Stimmen sich am Ende dieses Satzes melodisch vereinen. Ein weiteres, musikalisch sprechendes Bild der Erfüllung hören wir am Ende des Vokalparts (Takt 127): Das Grundmotiv (Soggetto) der Arie erklingt nun im Generalbass, vielleicht um anzudeuten, wie tief das Wunder sich jetzt in die es bewahrende Erinnerung eingesenkt hat.

Auch die Taktart hat Bach bei seinem Kompositionsplan (vgl. S. 98) verändert. Vielleicht schien ihm der ²⁄₄-Takt besonders geeignet für diese komponierte Meditation. Die Zeit scheint still zu stehen, weil die regelmäßig pulsierenden Viertel auf der ersten und zweiten Zählzeit keine Hierarchie der Betonung mehr bedeuten. So entfaltet sich die Gesamtbewegung nicht in die zeitliche Länge, sondern in die existenzielle Tiefe und kosmische Weite. Die angemessenste Deutung des Satzes ist wohl das Wort »Seligkeit«, das im folgenden Accompagnato denn auch genannt wird. Und auch der darauf folgende Choral resümiert mit seinem paradoxen Wort »ohne Zeit« wohl das Geschehen dieser Arie.

Accompagnato: »Ja, ja, mein Herz soll es bewahren« (32)

Nach dem »Ausflug in die Ewigkeit« im Sinne eines zeitlichen Präludiums der »musica coelestis« sind wir wieder in der Zeit und auf der Erde. Die Altstimme bekräftigt das »Bewahren« und singt vom »sicheren Beweis«, was in barocker Sprache freilich nicht naturwissenschaftlich, sondern als »Erweis« zu verstehen ist. Dies erinnert im Übrigen an eine Bibel-Randbemerkung, die Bach eigenhändig in seine »Calov-Bibel« eingetragen hat: »Ein herrlicher Beweiß, daß neben anderen Anstalten des Gottesdienstes, besonders auch die Musica von Gottes Geist durch David mit angeordnet worden.«[7] Auch hier meint »Beweis« letztlich die Gewissheit im Glauben, die weder rational noch irrational, sondern vielmehr über-rational ist, weil Argumente und Erfahrungen in ihr zusammenspielen.

Und doch wirkt das Accompagnato hier nachträglich, fast wie ein Versuch des Redens über die letztlich nicht in Worten sagbare Begegnung von Gott und Mensch. Dabei zeigt sich ein uraltes Dilemma der religiösen (Klang-)Rede: Sie darf ihr Thema einerseits nicht verschweigen, sondern muss es weitersagen und verkünden; andererseits muss sie sich hierzu der Sprache (und Musik-Sprache) bedienen, die oftmals weit hinter dem zu Sagenden zurückbleibt, sich ihrem Thema höchstens in

Andeutungen nähern kann. Warum aber ist die Arie »Schließe, mein Herze, dies selige Wunder« eine so gültige und wirkungsvolle Klangrede für das gott-menschliche Thema des dritten Oratoriumsteiles? Die Arie war sozusagen im Geheimnis zu Gast. Als komponiertes Gebet sprach und sang sie nicht über das Geheimnis, sondern gleichsam aus dem Geheimnis heraus.

Choral: »Ich will dich mit Fleiß bewahren« (33)

Dies ist die letzte »Variation« zum Thema des Bewahrens. Das Accompagnato betonte das Bewahren im Leben, nun folgt das Bewahren im Sterben. »Dir will ich abfahren« meint die Sterbebereitschaft dessen, der den Vorgeschmack des Heils – wie der greise Simeon in Lukas 2 – erlebt hat. Nichts anderes als die Grundstruktur mystischen, das heißt intensivsten religiösen Erlebens zeigt sich in diesen vier Sätzen (30–33). Vom Hören und »Bewegen im Herzen« berichtete das Evangelium. Die Arie legt es aus, indem sie es ausführt. Das Accompagnato reflektiert das Erleben und bekräftigt es, bevor der Choral es eschatologisch deutet, indem er vom Glauben zum Lieben (»ich will dir leben hier«) und zum Hoffen (»dort im andern Leben«) weiterschreitet.

Wie stringent und zugleich in poetischer Schönheit Leben und Sterben in dieser Liedstrophe von Paul Gerhardt aufeinander bezogen sind, zeigt die achsialsymmetrische (·) Anordnung der Worte in der ersten Hälfte der Strophe (zu lesen von links oben nach rechts oben):

(bewahren)		(schweben)
»Ich will dich«		»mit dir will ich«
»ich will dir«	·	**»dir will ich«**
(leben – »aktiv«)		(abfahren = sterben – »passiv«)

Das Ich rückt poetisch von der ersten an die zweite Stelle, wodurch sich zugleich eine dem »Echo« ähnliche Struktur der Sätze ergibt.

Die Hirten verkündigen

Evangelist: »Und die Hirten kehrten wieder um« (34)

Der Abschied der Hirten aus dem Weihnachtsoratorium schließt sich an die marianisch akzentuierte Szene an. Bach betont ihr überschwängliches »Preisen« in Takt 2 und 3 durch eine harmonisch unvermittelte Rückung von e-Moll über den Sextakkord cis-Moll nach Fis-Dur (»Gott«). Damit schafft er zugleich einen tonartlichen Übergang zwischen den beiden Chorälen »Ich will dich mit Fleiß bewahren« (G-Dur) und »Seid froh dieweil« (fis-Moll). Deren Tonarten wiederum sind – im Rahmen des Spielraums der Disposition, den Bach hierbei hatte – bereits im Blick auf den ohnehin »unverrückbar« in D-Dur stehenden Schlusschor (= Eingangschor) gewählt.

Choral: »Seid froh dieweil« (35)

Die Choralstrophe wendet das gesamte Geschehen wiederum den Hörern zu. An der Freude der Hirten sollen sie teilnehmen, die in der Bassstimme durch eine diatonische Sechzehntelbewegung aufwärts dargestellt ist. Warum? Das sagt der mittlere Abschnitt, der damit zugleich das Grundthema des dritten Teils resümiert: »ein Gott und auch ein Mensch geboren«. »Freude« in der ersten Zeile ist die erste Antwort. Die zweite Antwort nennt die Schlusszeile mit einem ganz alten Wort: »von vielen auserkoren«. Dieses alte Wort »auserkiesen« – bekannt aus dem Martin Luther zugeschriebenen Gedicht »Wer sich die Musik erkiest« – übersetzt Bach in der Bassstimme in die Geste einer Gradatio (Steigerung) als Aufwärtsskala, die er chromatisch färbt und mit daktylischem Rhythmus (lang–kurz–kurz) fast deklamierend umgibt.

Dann folgt die Wiederholung des Eingangschores: »Chorus I ab initio repetatur et claudatur« lautet die Dacapo-Anweisung in Bachs Partitur. Die Polarität Gott–Mensch zielte immer auf die Einheit. Gott und Mensch *sind* eins in Christus. Sie *werden* eins, wenn die im Liebesduett angedeutete Vereinigung von Mensch und Gott gelingt. Dieser intensiven Einheit mag auch die Wiederholung der Eingangsmusik am Schluss entsprechen. Es ist die gleiche Musik und doch nicht dieselbe, weil sie einmal einleitend und dann resümierend erklingt, was eine ganz besondere Aufgabe für die praktische Interpretation durch den Dirigenten und das Ensemble darstellt.

Teil IV

»Fallt mit Danken, fallt mit Loben«

Leben und Sterben als weihnachtliche Kunst

Blick in die Werkstatt

In seinen handschriftlichen Partituren und Einzelstimmen für Instrumentalisten und Sänger war Bach stets darum besorgt, den auf dem Notenblatt zur Verfügung stehenden Platz möglichst gut zu nutzen. Die Bogen des Weihnachtsoratoriums versah er mittels eines »Rastrals« – ein spezielles Schreibgerät, mit dem fünf Linien als Notenlinien gleichzeitig gezogen werden können – eigenhändig mit jeweils 22 Notensystemen, von denen hier, beim Eingangschor des vierten Teils, zwölf Systeme benötigt werden. In der Kopfzeile steht zunächst die von Bach häufig verwendete Formel »J. J.« (Jesus hilf), dann als liturgischer Anlass »Festo Circumcisionis Xsti.« (auf das Fest der Beschneidung Christi) sowie die Besetzung »à 4 Voci, 2 Corni da Caccia. 2 Hautb. 2 Violini« und, darunter gezwängt, weil der Platz in der Zeile nicht ausreichte, »Viola e Cont. di Bach.«

Auch dieser Eingangschor weist Reinschriftcharakter auf, weil der Komponist die Noten ja aus der Vorlage abschreiben konnte. Auf derselben Seite jeweils noch einen zweiten Abschnitt des Chores unterzubringen war nicht möglich, denn hierzu fehlen zwei Systeme. Bach schreibt deshalb den Eingangschor nur auf die obere Hälfte jedes Blattes, was insgesamt 18 Seiten in Anspruch nahm.

Der Raum unten auf diesen Seiten bleibt jedoch nicht leer, denn hier notiert Bach die weiteren Sätze der Kantate, die mit ihrer geringstimmigen Besetzung weniger Platz beanspruchen. Unter den Anfangstakten des Eingangschores steht bereits das erste und einzige Rezitativ des Evangelisten »Und da acht Tage um waren ...«. Wenn dann auf der oberen Hälfte von Seite 18 der Eingangschor schließt, ist Bach auf der unteren Hälfte bereits mitten in der Tenor-Arie »Ich will nur dir zu Ehren leben« angelangt, so dass er für die restlichen Sätze des vierten Teils nur noch sechs weitere Partiturseiten benötigt.

Text und Besetzung

36. Chorus [S, A, T, B, Cor. I, II, Ob. I, II, Str., B. c.]

Fallt mit Danken, fallt mit Loben
Vor des Höchsten Gnadenthron!
    Gottes Sohn
    Will der Erden
    Heiland und Erlöser werden,
    Gottes Sohn
    Dämpft der Feinde Wut und Toben.

37. Evangelista [T, B. c.]

»Und da acht Tage um waren, dass das Kind beschnitten würde, da ward sein
Name genennet Jesus, welcher genennet war von dem Engel, ehe denn er im
Mutterleibe empfangen ward.«

38. Recitativo con Chorale [S, B, Str., B. c.]

Immanuel, o süßes Wort!
Mein Jesus heißt mein Hort,
Mein Jesus heißt mein Leben,
Mein Jesus hat sich mir ergeben;
Mein Jesus soll mir immerfort
Vor meinen Augen schweben.
Mein Jesus heißet meine Lust,
Mein Jesus labet Herz und Brust.
    Jesu, du mein liebstes Leben,
    Meiner Seelen Bräutigam,
Komm! Ich will dich mit Lust umfassen,
Mein Herze soll dich nimmer lassen,
    Der du dich vor mich gegeben
    An des bittern Kreuzes Stamm!
Ach! So nimm mich zu dir!
Auch in dem Sterben sollst du mir
Das Allerliebste sein;
In Not, Gefahr und Ungemach
Seh ich dir sehnlichst nach.
Was jagte mir zuletzt der Tod für Grauen ein?
Mein Jesus! Wenn ich sterbe,
So weiß ich, dass ich nicht verderbe.
Dein Name steht in mir geschrieben,
Der hat des Todes Furcht vertrieben.

39. ARIA [S, Echo (S), Ob. I solo, B. c.]

Flößt, mein Heiland, flößt dein Namen
Auch den allerkleinsten Samen
Jenes strengen Schreckens ein?
Nein, du sagst ja selbst nein. – Nein!
Sollt ich nun das Sterben scheuen?
Nein, dein süßes Wort ist da!
Oder sollt ich mich erfreuen?
Ja, du Heiland sprichst selbst ja. – Ja!

40. RECITATIVO CON CHORALE [S, B, Str., B. c.]

Wohlan, dein Name soll allein
In meinem Herzen sein!
Jesu, meine Freud und Wonne,
Meine Hoffnung, Schatz und Teil,
So will ich dich entzücket nennen,
Wenn Brust und Herz zu dir vor Liebe brennen.
Mein Erlösung, Schmuck und Heil,
Doch Liebster, sage mir:
Wie rühm ich dich? Wie dank ich dir?
Hirt und König, Licht und Sonne,
Ach! wie soll ich würdiglich,
Mein Herr Jesu, preisen dich?

41. ARIA [T, Viol. I solo, Viol. II solo, B. c.]

Ich will nur dir zu Ehren leben,
Mein Heiland, gib mir Kraft und Mut,
Dass es mein Herz recht eifrig tut!
Stärke mich,
Deine Gnade würdiglich
Und mit Danken zu erheben!

42. CHORALE [S, A, T, B, Cor. I, II, Ob. I, II, Str., B. c.]

Jesus richte mein Beginnen,
Jesus bleibe stets bei mir,
Jesus zäume mir die Sinnen,
Jesus sei nur mein Begier,
Jesus sei mir in Gedanken,
Jesu, lasse mich nicht wanken!

Thema und Disposition

Der vierte Teil des Weihnachtsoratoriums, komponiert für den 1. Januar 1735, fällt ein wenig aus dem Rahmen des Gesamtwerkes. Wir hören in dieser »Kantate« keine traditionelle Weihnachtsmelodie und auch keine verinnerlichte Alt-Arie wie in den drei vorigen Teilen. Im vierten Teil ist wenig Weihnachten und nur wenig Oratorium, weil keine dramatische Handlung »nach vorn« stattfindet.

Dem Neujahrsfest eignet in der protestantischen Frömmigkeit und Liturgie zur Bachzeit eine besondere Charakteristik. Innerhalb der Weihnachtszeit ist es ein Fest mit drei Akzenten, die verschieden gewichtet und miteinander kombiniert werden können: die Namensgebung Jesu und seine Beschneidung sowie der Beginn des bürgerlichen Jahres. Die dritte Bedeutung, die man heute – bei der Fülle weltlicher und kirchlicher Neujahrskonzerte – wohl am ehesten erwartet, spielte damals keineswegs die Hauptrolle, wenngleich auch dieses Thema in allen überlieferten Bachkantaten zu Neujahr anklingt. »Und singet uns solch Neues Jahr« heißt es ja schon in der Schlussstrophe von Martin Luthers Kinderlied auf die Weihnacht »Vom Himmel hoch, da komm ich her«. Das eigentliche »Neue Jahr« aber ist das neue Kirchenjahr, das nicht am 1. Januar beginnt, sondern am Ersten Advent. Mit einer Französischen Ouvertüre zu den Choralworten »Nun komm, der Heiden Heiland« (BWV 61) hat Bach es in seiner Weimarer Zeit (1714) besonders festlich begrüßt.

Nun führt uns Bachs eigene Überschrift im Partiturautograph weiter. Sie heißt: »Festum Circumcisionis Christi«, wobei Bach den Namen des Messias mit dem griechischen Buchstaben Chi als »Xsti« schreibt, wie schon zwanzig Jahre zuvor in der Kantate »Weinen, Klagen, Sorgen, Zagen« (BWV 12) die Christen als »Xsten«. Der originale Textdruck nennt die Übersetzung der lateinischen Überschrift Bachs, nämlich »Fest der Beschneidung Christi«. Die im Evangelium erzählte Beschneidung des acht Tage alten Knaben Jesus wird von der Symbolik des Blutes her als Vorblick auf die Passion gedeutet. Ein Schatten des Kreuzes fällt auf die Krippe. Wohl deshalb erklingen bei Bach an diesem besonderen Tag der Weihnachtszeit nur verhaltene Weihnachtsklänge, kein überschwänglicher Jubel und auch keine Pastorale im »süßen Ton« der Hirten. Ohne den weihnachtlichen »Grundton« aufzugeben, bringt er die Themen Passion und Sterbekunst gleichsam als »Obertöne« zum Klingen.

Wichtiger als die Beschneidung ist der zweite Gehalt des Evangeliums: die Namensgebung mitsamt ihrer persönlichen Aneignung im Gebet und im komponierten Gebet. Der Jesus-Name soll den Gläubigen begleiten, im Leben wie im Sterben. Die Verknüpfung aller drei Motive finden wir, wie Renate Steiger zeigen konnte, bereits bei dem Erbauungsschriftsteller Martin Moller (1547–1606). Dreierlei, so schreibt er, ist zu betrachten am Neujahrstag: »Zum Ersten / Wie wir recht Christlich das Newe Jahr anheben sollen. Zum Andern / von der Beschneidung deß Herrn Christi. Zum Dritten / Von dem hochtröstlichen Namen IESUS«.[1]

Jeder der drei Aspekte hat nun sozusagen einen Folgeaspekt, der in seiner »Durchführung« regelmäßig zur Geltung kommt. Lob und Dank – »Fallt mit Danken, fallt mit Loben« – sind die menschlichen Gesten, um das *Neue Jahr* »anzuheben«. Eine Parallele haben sie in den Zeilen »Herr Gott, dich loben wir! Herr Gott, wir danken dir!« aus Martin Luthers verdeutschtem »Te Deum« (1528/29),[2] die Bach sowohl in BWV 16 als auch in BWV 190 (beides Kantaten zu Neujahr) vertont hat. Die Assoziation, die vom »Danken und Loben« zum »Te Deum« und zum neuen Jahr führt bzw. umgekehrt, mag also sowohl für den unbekannten Textdichter als auch für Bach und seine ersten Hörer nahe liegend gewesen sein. Erlösung und Blut, Passion und Kreuz sind die Stichworte zur theologischen Erläuterung der *Beschneidung*, die auch im Wort »Gnadenthron« angedeutet wird, das an den »Gnadenstuhl« (Röm 3,24f.) erinnert. In der Bildenden Kunst meint »Gnadenstuhl« eine Deutung des Leidens Christi im Horizont aller drei Personen der göttlichen Trinität: Der leidende Gottessohn wird dargestellt nicht am Kreuz, sondern in ähnlicher Haltung in den Armen Gottvaters, und umgeben vom Heiligen Geist in Gestalt einer Taube. Bach kannte solche Darstellungen zweifellos, hing doch Lucas Cranachs Altarbild der »Dreifaltigkeit« als »Gnadenstuhl« während Bachs Leipziger Amtszeit noch in der dortigen Nicolai-Kirche. Der *»hochtröstliche Name« Jesus* schließlich führt in die Sterbens- und Lebenskunst, da er die Glaubenden begleiten soll von der Wiege (Taufe!) bis zur Bahre.

Die Lebens- und Sterbekunst als dialektisches Grundthema in Bachs Neujahrsmusik im Rahmen des Weihnachtsoratoriums ist somit dreifach inspiriert: zum einen und hauptsächlich durch den Jesus-Namen, denn in ihm und zu seiner Heiligung (»Vater unser, … geheiligt werde dein Name«) soll alles geschehen, Leben *und* Sterben. Zum zweiten gibt auch die Beschneidung Anlass, bereits an die Passion und das Sterben zu denken, wie es viele Neujahrspredigten aus Bachs Umkreis belegen. Und drittens – das ist aus den beiden in diesem Teil des Oratoriums zitierten Liedstrophen ablesbar – macht der Beginn eines neuen Jahres deutlich, wie alles beginnt und endet: jedes Jahr, jede Musik, und so auch das eigene Leben.

Als Disposition des vierten Teils ergibt sich eine Anordnung der Sätze um die beiden Brennpunkte der Lebens- und Sterbekunst mit den Arien »Flößt, mein Heiland, flößt dein Namen« (die sogenannte »Echo-Arie«, 39) sowie »Ich will nur dir zu Ehren leben« (41). Das auf zwei Sätze (38, 40) aufgeteilte »Recitativo con Chorale« rahmt einerseits die Echo-Arie, leitet aber zugleich beide Arien ein. Den äußersten Rahmen bilden wie gewohnt die zwei Tutti-Sätze des Eingangschores und des Schlusschorals, wobei auf den Eingangschor das einzige Rezitativ des Evangelisten folgt.

Der vierte Teil des Oratoriums ist gekennzeichnet durch eine Dominanz der Betrachtung. An die Stelle einer nach vorn gerichteten Handlung tritt – nach einem kurzen Bericht des Evangelisten – die nach innen weisende musikalische Meditation des Namens Jesu. Mit der Tonart F-Dur – und der damit verbundenen charakteristischen Klangfarbe der Hörner: festlich zwar, doch nicht im Jubelton – fügt einzig dieser Teil sich nur dissonierend-mediantisch in das Kadenz-Schema des Gesamtwerkes mit der tonartlichen Disposition D–G–D–F–A–D. Weiterhin enthält der vierte Teil zwar Choraltexte, aber diese erklingen nicht in ihren angestammten Gemeinde-Melodien, sondern in jeweils von Bach neu komponierter Melodik: empfindsam-arios und eher solistisch in den beiden Duetten zwischen Sopran (»Choral«) und Bass, chorisch-liedhaft dann beim Schluss-»Choral«. Und letztlich fällt auf, dass im vierten Teil die Altstimme pausiert, die im gesamten Werk eine dominierende Rolle einnimmt. All dies zusammengenommen: Der vierte Teil fungiert im Oratorium als eine Art »Kontrapunkt« zu Weihnachten.

Der Eingangschor:
»Fallt mit Danken, fallt mit Loben« (36)

Dieser Chor jubelt nicht, sondern verharrt in demutsvoller Geste. Nicht »Lasst uns loben, lasst uns danken!«, was von der poetischen Technik des Parodierens einer Vorlage »Lasst uns sorgen, lasst uns wachen« ja durchaus nahe gelegen hätte, sondern: »Fallt mit Danken, fallt mit Loben«. Zudem scheint der Wortlaut poetisch überaus gekonnt auf die Rahmenteile des Gesamtwerkes bezogen. »Der Höchste«, das war der erste Jesus-Name, der im gesamten Oratorium erklungen ist! Im ersten Teil verbindet er sogar die Rahmenteile mit dem Mittelteil: »Rühmet, was heute der Höchste getan« – »Dienet dem Höchsten mit herrlichen Chören«. Die »Feinde« wiederum sind das letzte Stichwort des Chores Nr. 36 und entsprechen zugleich dem Schluss des gesamten Oratoriums (Teil VI). Der dramaturgische Kunstgriff der Distanzierung dieses Teils vom Gesamtskopus wird also ergänzt durch die Herstellung subtiler Nähe, was jedoch ein »konkordantes Hören« solcher Zusammenhänge erfordert.

Jetzt sehen wir, dass der Wortlaut des Eingangschors, obwohl es sich um eine Parodie handelt, sowohl der liturgischen Charakteristik des Festtages entspricht als auch seiner Rolle in der Gesamtdramatik des Weihnachtsoratoriums. Der Rahmenteil lässt die Themen des Tages zumindest anklingen: Dank und Lob wofür? Auch für den Segen im vergangenen wie im neuen Jahr. Der »Gnadenthron« impliziert durch die Blutsymbolik das Thema der Erlösung mitsamt der Beschneidung als deren »Angeld«, womit in juristisch-theologischer Sprache eine erste Zahlung zum Zeichen und zur Bekräftigung eines geschlossenen Vertrages gemeint ist. Insgesamt ist der Gnadenthron ein recht vielschichtiges Symbol: Bild des Heilands in der Krippe, Bild des Leidenden in der Passion und Bild der Ars moriendi, weil mir Christus dann auf seinem Gnadenthron »von Angesicht zu Angesicht« begegnet. Die eigentlich weihnachtliche Aussage hören wir im Mittelteil: »Gottes Sohn will der Erden Heiland und Erlöser werden.«

Ebenso wie die Eingangschöre der Teile I, III und VI steht auch dieser Tuttisatz im ⅜-Takt. Doch keiner der anderen Eingangschöre ist so liedhaft und zugleich geprägt von streng konzipierter wie zugleich leicht zu hörender Proportion. Dies gilt im Kleinen wie im Großen. Emotion und Ordnung greifen ineinander – vielleicht ein wichtiger Aspekt in Bachs kompositorischem »Erfolgsrezept« bis heute. Die ersten acht Takte sind hälftig gegliedert und nehmen bereits die Gesten des »Dankens« (Horn I, Oboe I, Violine I in den T. 1f.) und »Lobens« (dieselben Instrumente in den T. 2f.) vorweg. Beim Vokalbeginn wiederholt sich das: Im Sopran entspricht eine Katabasis (T. 25f.) dem »Danken« im Sinne einer Verbeugung ebenso wie dem sich zuneigenden »Sorgen« (Herkules-Kantate), und die Anabasis (T. 27f.) zeichnet das hell aufgerichtete »Wachen« (Herkules-Kantate) ebenso wie das sich empor schwingende »Loben«! Vier weitere Takte des Eingangsritornells (T. 5–8) bilden dann eine bogenförmige Einheit, bevor diese Motivik ab Takt 9 als Wechselspiel der Instrumentengruppen intensiviert wird.

Die Großform ist als Dacapo angelegt, allerdings mit Besonderheiten. 24 Takte Ritornell und 56 Takte Tutti ergeben den A-Teil mit insgesamt 80 Takten. Es folgt der B-Teil wiederum mit 80 Takten, gegliedert in a und b jeweils als Zwischenspiel (16 Takte) und Chor (24 Takte). Der Teil A' mit wiederum 80 Takten gliedert sich in Chor (64 Takte) und Nachspiel (16 Takte). Bach spielt hier im Rahmen der Dacapo-Form mit zwei Ordnungsprinzipien: der Reihung und der Achsialsymmetrie. Die Großform ist symmetrisch (A–B–A'), der Mittelteil in sich jedoch gereiht (a und b, jeweils Zwischenspiel-Chor). Zusätzlich in sich symmetrisch ist sogar das Verhältnis von A und A'.

Sterbekunst und Echo-Arie

Evangelium: »Und da acht Tage um waren« (37)

Betrachten wir zunächst den biblischen Text. Beschneidung und Namensgebung werden theologisch-poetisch in die Heilsgeschichte eingeordnet, wobei die Namensgebung das Wichtigere ist. Als Erstes wird die Geburt genannt, jedoch nur indirekt durch die Zeitspanne der acht Tage, die seither vergangen sind; in diesem Zusammenhang findet zugleich die Beschneidung Erwähnung, aber nicht als Tatsache, sondern als Gebot, ohne ihr großes Gewicht beizumessen. Sodann erhält die Namensgebung große Bedeutung, denn der Name »Jesus« steht im Zentrum zweier »Benennungen«: »... Name genennet JESUS, welcher genennet war ...«. Was bedeutet das? Die irdische Namensgebung geschieht nicht neu oder gar eigenmächtig, sondern ist gleichsam »Echo« der himmlischen durch den Engel Gabriel (Lk 1,31), worauf sich unser Vers direkt bezieht.

Überdies ist dieser Name keineswegs beliebig, sondern selbst schon Programm. Von der Krippe bis zum Kreuz wird Jesus tun, was sein Name verheißungsvoll besagt: Gott mit uns. »Himmlische Namensgebung«, »Empfängnis«, »Geburt«, »Beschneidung« und »irdische Namensgebung« bilden somit das Themenspektrum dieser wenigen Worte.

Bach verzichtet keineswegs auf Dramatik in dem kurzen Rezitativ, das von C-Dur nach a-Moll moduliert – somit sein Thema gewissermaßen als »Parallele« zu Weihnachten entwirft. Die Beschneidung erklingt dominantisch, anfangs dissonierend zum Tonika-Grundton. Eine Art Exclamatio hebt das e^1 hervor, allerdings auf dem »schwachen« Wort »würde«. Der Jesusname als Hauptthema dieses Teils erklingt dann in höchster Lage des Testo, zudem in F-Dur, der Grundtonart dieses Teils. Darauf folgt eine harmonische Wendung über A nach d, wie eine Entrückung in die Sphäre des Engels, von dem berichtet wird.

Rezitativ und Choral: »Immanuel, o süßes Wort!« (38, 40)

Rezitativ und Choral widmen sich dem Jesusnamen in der Art einer Litanei. Zugleich werden Passion und Sterbekunst miteinander verschränkt. Der Schluss verknüpft den Namen mit der Vertreibung der Todesfurcht und setzt somit die These, die in der Echo-Arie dramatisch ausgeführt wird. Die Echo-Arie führt dann vom Namen zum Wort und greift somit den Beginn des Rezitativs auf: »Immanuel, o süßes Wort«. Der Jesusname ist ein Wort, das wir *über Jesus* hören. Sein »Ja« und »Nein« ist nun das Wort, in dem wir *ihn selbst* hören!

Nach der Echo-Arie folgt dann das zweite Rezitativ mit weiteren Variationen des Namens. Und unvermittelt stellt sich die Frage: »Wie rühm ich dich, wie dank ich dir?« Das wahre Rühmen geschieht nicht nur im Lob der Musik, sondern hat als sein Pendant die Tat im Leben: »Herz und Mund und Tat und Leben / Muss von Christo Zeugnis geben« (BWV 147). Die eine Choralstrophe »Jesu, du mein liebstes Leben« von Johann Rist verteilt Bach auf die beiden Rezitative, indem er die beiden Stollen (Z. 1–4) vom Abgesang (Z. 5–10) trennt. Warum aber verzichtet er auf die angestammte Choralmelodie und verwendet nur den Text, den er als subjektiv-innerliche Aria in Form eines Duetts komponiert? Vermutlich weil es hier mehr um das »Ich« geht als um das »Wir«. Das Thema der Lebens- und Sterbekunst erklingt bei Bach immer überaus modern, nämlich im Horizont des einzelnen Subjekts. Dies gilt bereits für die frühe Trauermusik des »Actus tragicus« (BWV 106) von 1708, und erst recht für die höchst expressive Dialogkantate »O Ewigkeit, du Donnerwort« (BWV 60) aus dem ersten Leipziger Jahrgang (1724).

Eine erneute dialogische Intensivierung sind diese beiden sorgsam aufeinander abgestimmten Rezitative. Einerseits rahmen sie die »Echo-Arie«. Zum anderen aber führt das erste durch den Aspekt der Ars moriendi zur »Echo-Arie« hin, das zweite wiederum schlägt mit der Frage der Lebenskunst (Ars vivendi) die Brücke zur Tenor-Arie, welche die Antwort auf diese Frage gibt: »Ich will nur dir zu Ehren leben«. Zeitlich finden wir die Abfolge von Erwartung und Erfüllung. Am deutlichsten wird dies im Verhältnis der beiden duettierenden Stimmen. Zunächst ist es ein Nacheinander, weil der Choral ja erst in Takt 10 einsetzt. Dann folgt ein Nebeneinander, wobei die Choralzeilen im dominierenden Gefüge des Accompagnatos wie eingeschobene Zitate wirken. Die lebenswichtige Frage nach dem Sterben artikuliert der Bass zwar in der Hoffnung auf Jesus, aber ohne Antwort, weil die zu erwartenden Choralzeilen des Abgesangs den Hörern noch vorenthalten werden. Dies ist zweifellos ein Moment der Spannung, die zugunsten der Echo-Arie aufgebaut wird. Das erste Rezitativ schließt so als monologische Aussage, die ihrer Bestätigung noch bedarf – und sie im Echo-Spiel auch findet, was dann im zweiten Rezitativ nochmals bekräftigt wird.

Bei diesem zweiten Rezitativ bringt der Bass das Stichwort des »Namens« und sogleich antwortet – dies als Folge der »Echo-Arie« – der Sopran mit dem Namen »Jesus« schon im zweiten Takt (siehe Notenbeispiel auf der folgenden Seite). Nun finden Accompagnato und Choral tatsächlich zu einem dialogischen Miteinander. Dafür ist nicht zuletzt die Stimme des Continuo verantwortlich, deren motivische Prägung eine Art klangliche Rahmung zum Sopran ergibt.

Das Thema heißt »Immanuel«: Mit uns ist Gott. Das erste Accompagnato war noch auf der Suche nach diesem Miteinander. Im zweiten stellt nun der Gottesname von Anfang an selbst eine Verbindung zwischen »Gott« und »Wir« (»Ich«) her, indem der Choral dem eindringlich fragenden Bass ein ganzes Ensemble von Gottesnamen präsentiert. Martin Luther hat das in einer Weihnachtspredigt ausgeführt: »Er heißt Emmanuel, nicht: wir mit Gott, sondern umgekehrt: Gott mit uns. Wir können nicht zu ihm kommen, darum muß er zu uns kommen; also muß er sich unser annehmen und uns erlösen.«[3] Auf die im Vergleich mit dem ersten Accompagnato nun dichtere Einheit von Frage und Antwort

weist schließlich der gemeinsame Schluss der Stimmen in Takt 16. Musikalisch haben beide Stimmen nun zusammengefunden. Dass sie dabei gleichzeitig zwei Fragen artikulieren – »wie soll ich … preisen dich?« (Sopran) und »wie dank ich dir?« – ist wichtig für die Disposition: Die Tenorarie »Ich will nur dir zu Ehren leben« ist nichts anderes als die Antwort auf diese doppelte Frage, wohingegen die gleich zu besprechende Echo-Arie eine Frage des ersten Accompagnatos beantwortet: »Was jagte mir zuletzt der Tod für Grauen ein?«

Aria: »Flößt, mein Heiland, flößt dein Namen« (39)

Diese Musik, mit der Bach erstmals im Weihnachtsoratorium sogar mit dem Raum spielt, musste sich viel Kritik gefallen lassen: zu verspielt, zu weltlich, zu volkstümlich, gar klischeehaft … Während die einen Bachs Verwendung des Echos an dieser Stelle überhaupt kritisierten, bemängelten andere wiederum, dass er dies nicht konsequent getan habe, zumal das Echo sich an entscheidenden Stellen – so auch schon in der Herkules-Kantate – »unaufgefordert« zu Wort meldet! Die kompositorische Priorität liegt mit großer Sicherheit bei der weltlichen Vorlage, denn dort ist die Verknüpfung zwischen Singstimme und Echo geradezu überdeutlich. Gleich nachdem das Wort »(Treues) Echo« erstmals erklungen ist, wird es nicht nur musikalisch ausgelegt, sondern unmittelbar ausgeführt.

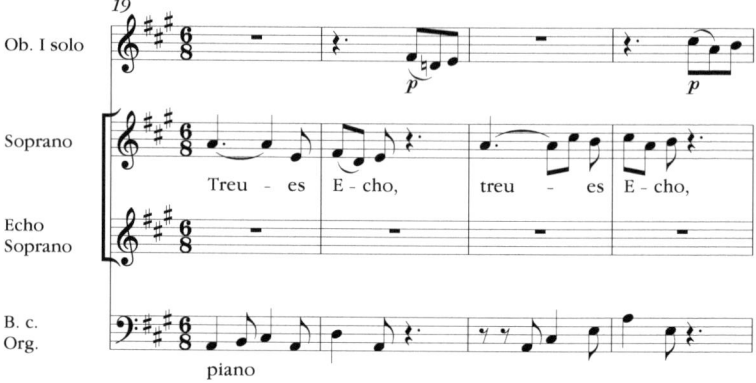

Eine erste Fassung der Echo-Arie könnte im Übrigen bereits in der Glückwunschkantate »Es lebe der König, der Vater im Lande« (BWV Anh. 11) gestanden haben, die Bach für den Namenstag Augusts des Starken am 3. August 1732 komponiert hat. Da die Musik zu diesem Werk verschollen ist, bleibt dies jedoch eine – immerhin gut begründete – Vermutung.

> Herkules:
> Treues Echo dieser Orten,
> Sollt ich bei den Schmeichelworten
> Süßer Leitung irrig sein?
> Gib mir deine Antwort: Nein!   Echo: Nein!
> Oder sollte das Ermahnen,
> Das so mancher Arbeit nah,
> Mir die Wege besser bahnen?
> Ach! so sage lieber: Ja!   Echo: Ja!
>
> BWV Anh. 11:
> Frommes Schicksal, wenn ich frage,
> Ob das Wachstum froher Tage
> Meines Königs ferner da?
> Ach so sage, sage: Ja!   Echo: Ja!
> Und vor solchem Untergange
> Schütz uns mächtig, schütz uns lange!   Echo: lange!

Im Zentrum des vierten Teils steht also – umrahmt von zwei dialogisierenden Sätzen zwischen Sopran und Bass – die »Echo-Arie«, deren zweiter, nachsingender Sopran von Bach in der autographen Partitur als »Echo« bezeichnet wird und für dessen Sänger der Komponist eigens eine zusätzliche Stimme ausschreiben ließ, was auf eine räumlich vom übrigen Ensemble getrennte Postierung dieses Knabensoprans schließen lässt. Bei den instrumentalen Echos der Oboe sieht Bach diese Differenzierung nur im Klang, nicht aber in der Besetzung und räumlichen Klangregie vor, was jedoch eine ähnlich reizvolle aufführungspraktische Aufgabe darstellt: Die dynamische Gestaltung von Stimme, Echo und Doppelecho ist der Klangphantasie des einen Oboisten anvertraut. Freilich ist es auch möglich, beim vokalen Echo ein instrumentales zusätzlich zu postieren. Dies verunklart jedoch etwas Bachs Komposition, die dem vokalen Echo eine inhaltliche Priorität einräumt und daher zugleich einen Vorzug in der Klangregie.

Das Echo – Thomas Mann nennt es in seinem Musikroman »Doktor Faustus« ein »Lieblingsdessin des Barock«[4] – hat eine lange literarisch-musikalische und theologische Tradition, deren spirituelle Sinngehalte heute kaum noch bekannt sind. Typische »Echowörter« sind weder einfache Wiederholungen noch bloße Reime, sondern, so Werner Braun, »phonetische Reste einer Frage, die sich als Antwort deuten lassen«,[5] zum Beispiel »… Namen?« – »Amen«; oder »… remedium« – »medium«. Eines der unzähligen Beispiele, in denen Jesus als Echo den Fragen des Glaubenden antwortet, stammt aus der Feder von Joachim Neander (1650–1680), dem Dichter des Kirchenliedes »Lobe den Herren, den mächtigen König der Ehren«, zu dem es im Übrigen auch eine Melodie mit echoartiger Schlusszeile gibt: »Lasset die Musicam hören – Musicam hören«. Unter dem Titel »Empfindliches Sehnen eines Freundes Gottes / von wegen der vermeinten Abwesenheit des Höchstgeliebten«[6] heißt es bei Neander:

> »Wo bistu / Seelen=Freund? Wiltu dan mich verlassen?
> Jes. Echo: Ich verlassen?
> Es tritt die Noht / O Herr / auf allen Seiten ein!
> Jes. Echo: Nein.
> Wo bleibt dein theures Wort? dein Wort: Ich kann nicht hassen!
> Jes. Echo: kann nicht hassen.
> Du gehest von mir weg. Bin ich hier nicht allein?
> Jes. Echo: Nicht allein.«

Erinnert sei auch an das »Audi coelum« in Claudio Monteverdis »Marienvesper« (1610) und an Echo-Gedichte Friedrich von Spees (1591–1635) im Kontext der religiösen Brautmystik. Recht bekannt ist heute noch das Spee zugeschriebene weihnachtliche Echo-Lied »Als ich bei meinen

Schafen wacht, ein Engel mir die Botschaft bracht«; es fasst die Thematik des zweiten Oratoriumsteils »Die Musik der Engel und der Hirten« in ein Echo-Lied.

Eine bildliche »Übersetzung« des akustischen Phänomens konnte Renate Steiger in einem Andachtsbuch des Rostocker Theologen Heinrich Müller (»Geistlicher Danck=Altar«, Frankfurt a. M. 1670) ausfindig machen. »Der die Stimme nach oben richtende Beter spricht ›Erbarm dich mein‹ – als Echo tönt Jesu Stimme zurück – die Spiegelung wird auch graphisch sinnfällig –: ›Erbarm mich dein‹‹.[7] Das Motto des Emblems heißt »DULCE ASSONAT ECHO« – Das süße Echo stimmt tönend bei.

In der Tonkunst schließlich ist das Echo kein ganz eindeutiges Sinnbild. Vielmehr eignet ihm in der Vokalmusik ein Spektrum von Bedeutungen, wobei immer auch die vertonten Worte mitzubedenken sind. Ist etwa bei Heinrich Schütz das Wort »leer« (Magnificat: »und lässt die Reichen leer ausgehn«) mit einem Echo vertont, so deutet dies auf den leeren Raum, der das Echo hervorbringt. Als trostlose Trösterin, die dem Klagenden Trost nur vorspiegelt, indem sie ihm nur seine eigene Klage zurückgibt, erklingt das Echo in Monteverdis Oper »Orfeo«.

Der zu J. S. Bach führende musikalisch-theologische Hauptstrang der Echo-Bedeutung hört das Echo hingegen überaus positiv. Es gilt als Sinnbild für die nicht trügerische, sondern tröstliche Antwort Gottes oder Jesu auf das Gebet des Menschen. Deshalb erklingt es »süß«, »lieblich«, »freundlich« und »trostreich« (Martin Moller), und dies nicht zuletzt im Blick auf die Sterbekunst. »Jesu, der süße Name dein, erquick im Tod die Seele mein«, heißt es bei Johann Arndt. Das Echo gilt zudem als Symbol der Gewissheit, denn »so gewiss wie auf den Ruf das Echo antwortet, so gewiss erlangt der Beter Jesu Hilfe«.[8]

Doch nun zur *Musik*. In Bachs Echo-Arie dialogisieren Sopran und Oboe auf dem Fundament des Generalbasses, der die Echo-Effekte jedoch mitunter dadurch sinnlich unterstreicht, dass er pausiert. Das Naturphänomen des Echos besteht ja nur aus Frage und Antwort und kennt gerade kein verbindendes klangliches Fundament. Der erste Arienteil zielt mit der Antwort »Nein« auf die Verneinung der Todesfurcht, der zweite wendet den Gedanken ins Positive. Das »süße Wort«, Jesu »Ja«-Antwort, bestätigt effektvoll, gegen Ende sogar fanfarenhaft gesteigert, den Affekt der Freude. Das echotypische pastorale Ambiente bringt Bach durch die Wahl des Soloinstruments, den ⁶⁄₈-Takt und die wiegende Melodik vorzüglich zur Geltung.

Bereits in den ersten Takten kostet Bach das Echo weidlich aus. Mit Werner Braun[9] lassen sich insgesamt sechs Arten des »Widerschalls« unterscheiden, die fünfte und sechste sogar als »Doppelecho«:

1. Singstimme 1 – Singstimme 2;
2. Instrument laut – Instrument leise (in Vor-, Zwischen- und Nachspielen);
3. dasselbe bei fortlaufender Singstimme;
4. Singstimme 1 – Instrument leise;
5. Singstimme 1 – Singstimme 2 – Instrument;
6. Singstimme 1 – Instrument – Singstimme 2.

Vier Partner sind an diesem Echo-Spiel beteiligt: Singstimme 1 und Singstimme 2 (das Echo), Oboe laut und Oboe leise. Und hinzu kommt schließlich ein weiterer Klangaspekt, mit dem Bach das musikalische Echo-Prinzip kreativ überschreitet. Bereits der Bach-Biograph Philipp Spitta (1841–1894) tadelt diesen eigenwilligen Umgang Bachs mit dem Echo, der darin besteht, dass das Echo sich drei Mal »unaufgefordert«[10] zu Wort meldet. Doch wo Bach vermeintlich hinter das Echo-Prinzip zurückfällt, geht er in Wirklichkeit gezielt darüber hinaus. Das »unaufgefordert« redende Echo musikalisiert das Wort »selbst« (»du Heiland sprichst selbst:«). Mit diesem »Echo vor der Stimme« bricht Bach mit der Symbolik des tröstlichen Widerschalls, und er gibt in seinem komponierten Gebet der Echo-Arie vielleicht sogar zu verstehen, dass Gebet doch mehr ist als das Echo der eigenen Stimme.

Wie sehr es Bach auf dieses »Selbst-Reden« ankam, zeigt ein Seitenblick auf die »weltliche« Vorlage der Echo-Arie in der Kantate »Herkules auf dem Scheidewege« mit dem Textbeginn »Treues Echo dieser Orten«. Picanders Text lautete »… gib mir doch zur Antwort: Nein«. Bach jedoch ändert diese Zeile in: »Gib mir deine Antwort: Nein«. Bereits diese Korrektur zeigt Bachs Intention zum Gestischen und Dramatischen. Man sieht förmlich die Gesten der Sänger bei einer halbszenischen Aufführung. Alles zielt nicht auf irgendeine Antwort, sondern auf *deine* Antwort. Und diese Gestik bleibt auch in der geistlichen Fassung erhalten. Dass dies eine vom Komponisten vermutlich selbst ins Werk gesetzte Änderung des Wortlauts darstellt, belegt die Tatsache, dass der von Philipp Spitta gemaßregelte Verstoß gegen die »Echo-Regel« ja nichts anderes ist als die Einlösung dieses Impulses: Gib mir deine Antwort – nicht nur das Echo meiner Frage!

Das Echo ertönt »unaufgefordert« in Takt 127 (Schluss des Beispiels).

Ging es der geistlich-barocken Echo-Tradition um das »Dass« des Echos als Sinnbild für die Gewissheit der Antwort im Gebet, so problematisiert Bachs Echo-Arie auch deren »Wie?«. Wäre die Antwort des Glaubens nur wie ein Echo und der Mensch somit ein »Souffleur« Gottes, dann ereignete sich im Gebet letztlich nichts anderes als eine akustische Variante der religionskritischen Projektionstheorie. Noch einmal Thomas Mann: »Das Echo, das Zurückgeben des Menschenlautes als Naturlaut und seine Enthüllung *als* Naturlaut, ist wesentlich Klage, das wehmutsvolle ›Ach, ja!‹ der Natur über den Menschen und die versuchende Kundgebung seiner Einsamkeit ... oftmals mit unsäglich schwermütiger Wirkung.«[11]

Thomas Manns Sicht ist selbst wiederum ein spätes Echo, das zentrale Momente der barocken Echo-Theorie bereits überhört hat. Die Seufzer in Bachs Echo-Arie jedenfalls klagen nicht »Ach, ja!«, sie frohlocken: »Ja, ja!«. Bach nutzt die Echo-Tradition zur Intensivierung seines weihnachtlichen Spiels mit dem Jesus-Namen, das den vierten Teil des Oratoriums prägt. Nachdem Jesus besungen wurde, singt er »selbst« in diesem »eigentümlichen, aber auch tiefsinnigen Zwiegespräch« (Walter Blankenburg).[12] Die räumliche Distanz ermöglicht die musikalische Inszenierung der religiösen Differenz, aber sie erlaubt zugleich deren Überwindung in den Augenblicken, in denen die Singstimme nicht singt, sondern hört, so dass »die Differenz zwischen ›innen‹ und ›außen‹ in der Wahrnehmung des Hörens […] aufgehoben« wird (Georg Picht).[13]

Dass Bach damit aber nicht schließt, verbindet ihn mit der Mystik. Die überaus kontemplative Echo-Arie führt über ein Duett zur aktivsten Arie des gesamten Werkes: »Ich will nur dir zu Ehren leben« – womit zugleich Ars moriendi und Ars vivendi ein weiteres Mal in Bachs Werk eindrücklich miteinander verknüpft sind.

Das Pendant der Lebenskunst

Aria: »Ich will nur dir zu Ehren leben« (41)

Die Konzentration auf die Ars moriendi wurde dem Zeitalter des Barock und auch Johann Sebastian Bach schon oft vorgeworfen. Mag sein, dass aus manchen Kantaten eine aus heutiger Sicht problematische Todessehnsucht spricht. Im Weihnachtsoratorium finden wir hingegen eine Balance von Sterbe- und Lebenskunst. Die »Echo-Arie« stellt die Sterbekunst in den Mittelpunkt und sie wird ergänzt – wenn auch mit etwas weniger Gewicht vielleicht – durch die Tenor-Arie, die das Thema der Lebenskunst mit geradezu überbordender Vitalität entfacht.

Das Thema erscheint nicht unvermittelt. Das Rezitativ, das vorausgeht, schließt mit Fragen: »Wie rühm ich dich, wie dank ich dir?« – und die Arie »Ich will nur dir zu Ehren leben« antwortet darauf als komponiertes Gebet, das den vitalen Aspekt in den Mittelpunkt rückt. Zudem war auch schon die Choralstrophe »Ich will dich mit Fleiß bewahren« (III,33) der Sterbekunst verpflichtet, indem sie auf das »Leben ohne Zeit« abhob.

Wie so häufig stellt Bach sich in dieser Komposition eine »intricate« Aufgabe. Hier ist es – von der Parodie einmal abgesehen – die Verknüpfung von Dacapo-Arie mit streng kontrapunktischer Fuge, also die Verbindung zweier gegenläufiger Aspekte: »Liedhaftigkeit der Arie und Intellektualität der Fuge« (Günter Jena).[14] Der Skopus kann als mitreißend, vital, virtuos bestimmt werden. Die Stimmen feuern sich gegenseitig an, immer energisch und kraftvoll, und sie tragen sich gleichsam. Dies entspricht zunächst dem »Schweben« in der Vorlage: »Auf meinen Flügeln sollst du schweben«, passt aber immer noch vorzüglich und ohne Defizit – zudem einen Ganzton tiefer transponiert aus Gründen des tonartlichen Aufbaus von Teil IV – zum Wortlaut des Weihnachtsoratoriums. Waren die Worte der Herkules-Kantate eine freundliche Zusage der Tugend als allegorischer Person, die im Klang schon Realität gewinnt, weil das Schweben ja sich ereignet, wird daraus in der geistlichen Fassung ein Vorsatz oder »Gelöbnis«[15] des Glaubenden: »Ich will …«, das sich aber ab der zweiten Zeile schon – gemäß dem lutherischen Axiom »Sola gratia« (»allein durch Gnade«) – in eine Bitte wandelt. Das »hermeneutische Plus« der Musik ergibt sich insofern, dass die Bitte musikalisch schon erhört ist. »Kraft und Mut«, die erbeten werden, sind in der Musik bereits da, und auch am »Eifer« fehlt es wahrlich nicht in dieser Arie. Letztlich entspricht das »schweben« der Vorlage dem »erheben« in der Parodie. Das »Danken« in der letzten Zeile bezieht sich zurück auf den Eingangschor »Fallt mit Danken, fallt mit Loben«.

Insgesamt fällt auf, dass der Textdichter, der die Umarbeitung vorgenommen hat, möglichst wenig ändert und sogar im Wesentlichen die Vokale der Worte beibehält. Dies könnte ein Hinweis sein auf die Musikabilität, weil eine Änderung der Vokale den Sänger dieser Koloraturen in Schwierigkeiten hätte bringen können.

Hans-Joachim Schulze hebt hervor, dass das Fugenthema des Urbildes »Flügelschlag und anschließenden Gleitflug fast naturalistisch nachzeichnet«.[16] Im Weihnachtsoratorium könnte man argumentieren, dass der Themenkopf sich mit einem Oktavsprung mitten ins Leben stürzt. Es folgen pochende Achtel wie ein Pulsschlag und dann eine Koloratur, die den Lebensweg nachzeichnet, der ursprünglich der Flug des Adlers war. All dies beträfe den Sensus bestimmter Worte. Aber auch eine Übereinstimmung im Skopus stellt Hans-Joachim Schulze zur Diskussion. Die Verbindung besteht zwischen der »musikalischen Personifikation der Tugend« und der »im Text apostrophierten Vollkommenheit. Beides verkörpert die musikalische Vollkommenheit der kontrapunktischen Form in ihrer Ausprägung als Fuge«.[17]

Der Schlusschoral (42)

Die Entfaltung des Jesus-Namens findet ihre Entsprechung in der »Einfaltung« des Schlusschorals von Johann Rist. Sechs Mal beginnt die Zeile mit »Jesus«. In den von Bach benutzten Leipziger Gesangbüchern trug dieses Lied die Überschrift »Gottseliger Anfang des neuen Jahres in und mit dem allersüßesten Namen Jesu«. Bach verwendet auch hier nur die Worte der Liedstrophe, jedoch keine der damals gebräuchlichen Melodien – vielleicht, weil sie alle in Moll standen und er das »Rahmenproblem« dieses Teils anders lösen wollte, nämlich in Anlehnung an die Teile I, II (und VI). Die Rahmung ergibt sich durch das volle Instrumentarium und durch subtile Rückbezüge des Schlusschorals zum Eingangschor: Tonart F-Dur, ¾-Takt (statt ⅜ am Beginn), Klangfarbe der Hörner.

Bach bleibt im Choralduktus, erweitert ihn jedoch in Richtung des subjektiven Andachtsliedes. Gleich die Rhythmisierung der Anfangsworte »Je-sús« (Viertel, Halbe) ist kaum choraltypisch, sondern arienhaft, denn in einem Gemeindelied würde man viel eher »Jé-sus« (Halbe, Viertel) erwarten. Planvoll steigernd musikalisiert Bach dann das Hauptthema, den Jesus-Namen. F-Dur zunächst, dann einen Ton höher g-Moll, und beim Abgesang nochmals gesteigert nach C-Dur. Die letzte Fassung (T. 45f.) weist wiederum nach oben. Günter Jena bemerkt, dass erst die letzte Zeile im Imperativ steht, die vorigen im Optativ. Vielleicht ist das eine letzte Intensivierung, die Bach beabsichtigt hat? Sie entspräche dann zugleich dem Schema Verheißung–Erfüllung, das uns so häufig im Weihnachtsoratorium begegnet. Und zudem fasst der Schlusschoral, dessen Harmonik Bach ja frei bestimmen konnte, den Tonartenplan des gesamten Teils zusammen: F-Dur als Rahmen, d-Moll – C-Dur als Erinnerung an die Echo-Arie, C-Dur nach d-Moll im Rückblick auf die Tenor-Arie.

Auffällig ist, dass Bach die Jesus-Anrufungen ähnlich gestaltet, jedoch beim letzten Mal – beim Imperativ also – dieses Schema verlässt, um hier im Diskant die Melodik des Eingangschores quasi-zitierend anklingen zu lassen. Seine gravitätische Breite erlangt der Choral durch die Zeilenvor- und Zwischenspiele mit typischen Hornfiguren und Seufzern, welche die Innerlichkeit ein letztes Mal – im Modus der Zufriedenheit sozusagen – unterstreichen. Diese Gesamtanlage ist »üppiger« als bei den ersten beiden Teilen, aber nicht so fulminant wie beim sechsten Teil, dessen Schlusschoral ja als Schluss-Stein des gesamten Oratoriums zu fungieren hat.

Durch die Modifikation sowohl des typischen Eingangschores als auch des typischen Schlusschorals erzielt Bach eine neue und im Weihnachtsoratorium singuläre Lösung der Frage, wie Exordium und Conclusio sich zueinander verhalten. Bach findet die Lösung durch einen Schritt der Angleichung an das je andere: Der Eingangschor ist liedhaft, das heißt, er nähert sich einen Schritt weit dem Choral; so fehlen etwa die typischen fugierten Abschnitte; wir hören liedhafte Periodik anstatt kurzgliedriger Abwechslung. Der Schlusschoral wiederum ist – im Unterschied zu den Schlusschorälen der allermeisten Kantaten – in seinem Grundriss erweitert durch Zwischenspiele. Dass ihm sowohl eine traditionelle Choralmelodie fehlt als auch der typische Liedduktus, zeigt, dass Bach hier einen Schritt vom Choralsatz zum Chorsatz geht. Dies unterstreicht das Anfangsritornell, das bei den Schlusschorälen der Teile I und II fehlt. Beides zusammen genommen – der Schritt vom Eingangschor zum Choral und der Schritt vom Choral zum Chorsatz – ergibt diese einmalige Lösung des Rahmenproblems.

Zum Namen ein letzter Gedanke. Das Gebet wäre unmöglich, könnten oder dürften wir Gott nicht nennen. In Jesus hat er nicht nur die menschliche Natur, sondern auch einen neuen Namen angenommen. Andererseits: Die Pluralität der Namen umkreist ihn, erfasst ihn aber nicht letztlich. Deshalb ist die Unnennbarkeit Gottes (Negative Theologie) ebenso wichtig wie seine Nennbarkeit. Und warum sollte nicht gerade die Musik zwischen beiden Polen vermitteln können? Sie kann sich an das Wort binden und bleibt doch eine eigene Sprache: letztlich unnennbar, aber doch nicht schweigend – und deshalb ein Präludium des ewigen Lebens und ein Lichtstrahl immerhin jenes Lichtes, in dem Gott wohnt und dem wir uns nicht nahen können, wie es in einer Liedstrophe von Jochen Klepper heißt. Oder doch singend und spielend nähern können.

Teil V

»Ehre sei dir, Gott, gesungen«

Licht und Finsternis als weihnachtliche Grundsymbolik

Blick in die Werkstatt

Auf der ersten Partiturseite des fünften Teils notiert Bach den Eingangschor in zwei Akkoladen zu je 10 Systemen. Mit großer Wahrscheinlichkeit war dieser Satz »Ehre sei dir, Gott, gesungen« zunächst als Parodie auf den »Chor der Musen« zu den Worten »Lust der Völker, Lust der Deinen, blühe, holder Friederich!« aus der »Herkules-Kantate« geplant. Beide Texte stimmen in ihrem ungewöhnlichen Versmaß exakt überein. Diese Idee hat Bach jedoch nicht ausgeführt, vielleicht weil ihm die leichtgeschürzte Gavotte jener Vorlage letztlich doch als ungeeignet erschien, zumal die Betonung in der Parodie wenig glücklich »Ehre *sei* dir, Gott, gesungen« gelautet hätte. So komponierte er den Chor neu, wie auch der konzeptartige Duktus der Handschrift verrät.

Unten auf der Seite waren noch zwei freie Systeme verfügbar, die Bach für das erste Rezitativ des Evangelisten nutzen wollte, das auf den Eingangschor folgt. »Recit nach dem Chor. Evangelista« ist deshalb zu lesen. Und entsprechend seiner üblichen Praxis der Rezitativkomposition, bei der er zunächst den vollständigen Text und dann erst Continuo- und Singstimme niederschrieb, notierte er auch noch die Worte »Da Jesus geboren war zu Bethlehem …«. Allerdings fehlen jegliche Noten! Bach hatte inzwischen erkannt, dass unter diesem Eingangschor zwar das Evangelistenrezitativ noch unterzubringen war, nicht aber auf den folgenden Seiten der anschließende Chor der Weisen »Wo ist der neugeborne König der Jüden?«, der immerhin acht Notensysteme benötigt.

Bach schrieb deshalb das Rezitativ des Evangelisten mit Text und Noten schließlich doch hinter und nicht unter den Eingangschor. Die ursprüngliche Notierung hätte nur wenig Platz gespart, aber das Umwenden mitten in einem Attacca-Übergang vom Evangelisten zum Turba-Chor zur Folge gehabt. Vielleicht wollte Bach gerade das aus praktisch-dirigentischen Überlegungen vermeiden.

Text und Besetzung

43. Coro [S, A, T, B, Ob. d'am. I, II, Str., B. c.]

Ehre sei dir, Gott, gesungen,
Dir sei Lob und Dank bereit'.
  Dich erhebet alle Welt,
  Weil dir unser Wohl gefällt,
  Weil anheut
  Unser aller Wunsch gelungen,
  Weil uns dein Segen so herrlich erfreut.

44. Evangelista [T, B. c.]

»Da Jesus geboren war zu Bethlehem im jüdischen Lande zur Zeit des Königes Herodis, siehe, da kamen die Weisen vom Morgenlande gen Jerusalem und sprachen:«

45. Chor + Recitativo [S, A, T, B, Ob. d'am. I, II, Str., B. c.]

»Wo ist der neugeborne König der Jüden?«
  Alt
  Sucht ihn in meiner Brust,
    Hier wohnt er, mir und ihm zur Lust!
»Wir haben seinen Stern gesehen im Morgenlande und sind kommen, ihn anzubeten.«
  Alt
  Wohl euch, die ihr dies Licht gesehen,
  Es ist zu eurem Heil geschehen!
  Mein Heiland, du, du bist das Licht,
  Das auch den Heiden scheinen sollen,
  Und sie, sie kennen dich noch nicht,
  Als sie dich schon verehren wollen.
  Wie hell, wie klar muss nicht dein Schein,
  Geliebter Jesu, sein!

46. Choral [S, A, T, B, B. c. (+ Instr.)]

Dein Glanz all Finsternis verzehrt,
Die trübe Nacht in Licht verkehrt.
Leit uns auf deinen Wegen,
Dass dein Gesicht
Und herrlichs Licht
Wir ewig schauen mögen!

47. Aria [B, Ob. d'am. I solo, B. c.]

Erleucht auch meine finstre Sinnen,
Erleuchte mein Herze
Durch der Strahlen klaren Schein!
  Dein Wort soll mir die hellste Kerze
  In allen meinen Werken sein;
  Dies lässet die Seele nichts Böses beginnen.

48. Evangelista [T, B. c.]

»Da das der König Herodes hörte, erschrak er und mit ihm das ganze
Jerusalem.«

49. [Recitativo. A, Str., B. c.]

Warum wollt ihr erschrecken?
Kann meines Jesu Gegenwart
Euch solche Furcht erwecken?
O! solltet ihr euch nicht
Vielmehr darüber freuen,
Weil er dadurch verspricht,
Der Menschen Wohlfahrt zu verneuen.

50. Evangelista [T, B. c.]

»Und ließ versammlen alle Hohepriester und Schriftgelehrten unter dem Volk
und erforschete von ihnen, wo Christus sollte geboren werden. Und sie sagten
ihm: Zu Bethlehem im jüdischen Lande; denn also stehet geschrieben durch
den Propheten: Und du Bethlehem im jüdischen Lande bist mitnichten die
kleinest unter den Fürsten Juda; denn aus dir soll mir kommen der Herzog,
der über mein Volk Israel ein Herr sei.«

51. Aria Terzetto [S, A, T, Viol. I solo, B. c.]

Ach, wenn wird die Zeit erscheinen?
Ach, wenn kömmt der Trost der Seinen?
Schweigt: er ist schon würklich hier!
  Jesu, ach! so komm zu mir!

52. Recitativo [A, Ob. d'am. I, II, B. c.]

Mein Liebster herrschet schon.
Ein Herz, das seine Herrschaft liebet
Und sich ihm ganz zu eigen gibet,
Ist meines Jesu Thron.

53. Choral [S, A, T, B, B.c. (+ Instr.)]

Zwar ist solche Herzensstube
Wohl kein schöner Fürstensaal,
Sondern eine finstre Grube;
Doch, sobald dein Gnadenstrahl
In denselben nur wird blinken,
Wird es voller Sonnen dünken.

Besetzung, Besonderheiten und Disposition

Im liturgischen Rhythmus der sechs weihnachtlichen Tage fällt allein der fünfte Teil des Oratoriums auf einen Sonn- und nicht auf einen Festtag. Bach berücksichtigt das in der Besetzung des Orchesters. Mit Streichern und zwei Oboen d'amore – ohne Trompeten und Pauken (im Unterschied zu den Teilen I, III, VI) und ohne Hörner (die unmittelbar davor in Teil IV erklungen waren) – ist Teil V die geringstimmigste Musik des Gesamtwerkes. Die Klangfarben entsprechen am ehesten denen des zweiten Teils, nun allerdings unter Verzicht auf die dort verwendeten Flöten und die beiden Oboen da caccia. Zudem schließt einzig dieser Teil des Oratoriums – er steht in A-Dur, der Oberdominate zur Grundtonart D-Dur des Gesamtwerks – mit einem schlichten vierstimmigen Choral wie die meisten Sonntagskantaten aus Bachs Feder.

All dies mag nicht zuletzt Ausdruck einer einfachen dramaturgisch-formalen Idee sein: Der Schlussteil wird umso stärker »herauskommen«, wenn der vorletzte Teil sich allzu großer Prachtentfaltung enthält. Ähnliche Überlegungen zur sinn- und effektvollen Disposition begegneten uns bei Bach ja bereits auf allen Ebenen des Werkes. Man denke nur an die durch das Fehlen eines Eingangschores erzielte »Aufsparung« des großen Chorsatzes für das »Ehre sei Gott in der Höhe« in Teil II. Gemeinsam mit dem zweiten Teil hat der fünfte überdies die konsequente Zuweisung aller Accompagnati an nur eine vokale Stimmlage. War es im zweiten Teil der Bass, so nun der Alt, wobei Bach sich allerdings gleich beim ersten Rezitativ (Nr. 45, Takt 18ff.) verschrieben hat. Er notierte den Solopart zunächst für den Bass und im Bassschlüssel, korrigierte dann sein Versehen nicht in den Noten der Partitur, sondern mittels einer Beischrift, deren Anweisung beim Ausschreiben der Einzelstimme zu befolgen war: »NB. Dieß Recit muß im Alt transponirt werden«.

Thematisch gestattet Bach sich beim fünften Teil große Freiheiten, denn er blendet die liturgisch vorgegebene und zudem in den älteren Weihnachtshistorien enthaltene biblische Perikope mit der Flucht der Heiligen Familie nach Ägypten (Mt 2,13–22) völlig aus. Bach verzichtet darauf, weil dieses Thema zwar dem Oratorium (und der Liturgie) gemäß wäre, in seiner konkreten Disposition aber nicht sinnvoll realisierbar ist. Die Platzierung der Flucht nach Ägypten am Sonntag nach Neujahr hätte die Chronologie der weihnachtlichen Ereignisse empfindlich gestört, weil so die Flucht vor die Anbetung der drei Weisen gerückt wäre. In »richtiger« Chronologie begegnen uns die beiden Themen in der »Weihnachtshistorie« von Heinrich Schütz. In Bachs Oratorium hätte diese »oratorisch« nahe liegende Korrektur jedoch einen »Tausch« der Evangelien vom Sonntag nach Neujahr (Flucht nach Ägypten) und Epiphanias (Anbetung der Weisen) erforderlich gemacht, was aus liturgischen Gründen nicht in Frage kam.

Am Ende des Oratoriums wiederholt Bach einen Kunstgriff der Disposition, den er bereits am Beginn angewandt hatte: die Aufteilung eines Evangeliums auf zwei Tage. Damit erstreckt sich die Geschichte der drei Weisen (Mt 2,1–12) auf den Sonntag nach Neujahr (Verse 1–6) und auf Epiphanias (Verse 7–12). Dies stiftet – nach dem singulären vierten Teil – einen engen Zusammenhang der beiden letzten Teile des Oratoriums, zumal mit dem fünften Teil auch ein »Wechsel des Evangeliums« einhergeht. Bislang war der Bericht des Evangelisten dem Lukasevangelium (für Teil I–IV) entnommen, nun folgt er dem Evangelisten Matthäus (Teil V–VI). Zugleich bietet die Disposition der beiden letzten Teile Gelegenheit, ein weiteres Mal eine Grundpolarität des Werkes zum Zuge kommen zu lassen, nämlich die von Erwartung und Erfüllung. Die Erwartung der Weisen (Sonntag nach Neujahr) findet ihre Erfüllung an Epiphanias. Letztlich ist so in der dramaturgischen Disposition primär dem Duktus des Oratoriums Rechnung getragen, bei zusätzlich möglichst geringer Modifikation der Liturgie.

Wie alle Teile des Oratoriums schlägt auch der fünfte ein »dialektisches« Thema an, zu dessen Beschreibung wir zwei Worte benötigen, die sich antithetisch zueinander verhalten. Die bisherigen Begriffspaare der Teile I bis IV – sie hießen Erwartung und Erfüllung (I), Musik der Engel und der Hirten (II), gott-menschlicher Dialog (III) sowie Lebens- und Sterbekunst (IV) – waren jeweils als Steigerung (I) oder als gegenseitige Ergänzung (II–IV) zu verstehen, keineswegs aber antithetisch.

Nun geht es um *Finsternis und Licht* – ein Gegensatz, der vielfach schon angeklungen ist im Oratorium. Die erste Erwähnung des Lichtes hörten wir bereits in Teil I: »Nun wird der Stern aus Jakob scheinen«; intensiviert wurde dies im Choral »Brich an, o schönes Morgenlicht« (Teil II). Erst im fünften Teil jedoch wird das Thema »Licht« erweitert zur Polarität Licht–Finsternis. Inspirationsquelle dieser theologisch wie musikalisch ergiebigen »Antithesis« war offenbar der »Stern im Morgenlande«. Dazu passt die Tonart A-Dur als helle Oberdominante zur Grundtonart D-Dur (Teile I, III, VI), was zugleich im Kadenzschema des Gesamtwerkes der typisch dominantischen Spannung auf der vorletzten Position (Paenultima) entspricht.

Zum »Stern im Morgenlande« als hellem biblischen Bezugspunkt tritt als dunkles Pendant die Finsternis, verkörpert in der Gestalt des Königs Herodes. Doch auch diese Spannung erschöpft sich nicht auf der Ebene nach vorn. Sie ereignet sich vielmehr vornehmlich auf der Ebene nach innen, wie es der Schlusschoral resümieren wird. Nicht irgendeine, sondern »meine Herzensstube« ist »eine finstre Grube«, die durch Jesu »Gnadenstrahl« zu strahlender Helligkeit gelangen soll, so dass sie »voller Sonnen« dünkt. Somit ist auch diese Polarität keineswegs statisch, sondern dynamisch. Es geht nicht darum, was hell und was dunkel *ist*, sondern vielmehr um ein Geschehen: Was geschieht, wenn das weihnachtliche Licht in die Finsternis der Welt und der Herzen einbricht?

In der Disposition des fünften Teils folgt Bach seinem bevorzugten und vielen Hören vertrauten Kantatenmodell: Großer Eingangschor und vierstimmiger Schlusschoral bilden den Rahmen, was immer eine gewisse Dominanz des Eingangschores bewirkt. Bei allen anderen Teilen des Oratoriums hat Bach diese kantatentypische Architektur vermieden, indem er die abschließende Liedstrophe zeilenweise mit Zwischenspielen ausgeweitet und mit Momenten der symmetrischen Rahmung angereichert hat. Im dritten Teil ist die Rahmung sogar »perfekt« durch die Wiederholung des Eingangschores am Ende. Das für Bachs Leipziger Kantaten typische Finale mit einem vierstimmigen Choralsatz erklingt somit im Weihnachtsoratorium nur im fünften Teil, mithin als einmalige Ausnahme. Hingewiesen wurde schon darauf, dass im Textdruck beim dritten Teil die rahmende Wiederholung nicht vermerkt ist. Das könnte bedeuten, dass zunächst die beiden weniger festlichen Tage, Dritter Weihnachtstag und Sonntag nach Neujahr (vgl. die Übersicht S. 30f.), an denen es nur eine Aufführung »in der Frühe« in St. Nicolai gab, mit einem vierstimmigen Choralsatz enden sollten. Allerdings ist der Textdruck hierbei nur bedingt als Quelle für die Musik heranzuziehen, weil er zwischen vierstimmigem Choralsatz und ausgedehntem Choralchorsatz (Teile I, II, IV, VI) gar nicht differenziert. Im Textdruck enden sämtliche Teile des Oratoriums mit einem »Choral«. Das ist im Blick auf die Textgrundlage dieser Schlusssätze durchaus korrekt, weil es sich ja jeweils um eine Liedstrophe handelt, die hier vertont ist. Musikalisch jedoch sind diese sechs »Choräle« überaus verschieden, denn ihre Satztechnik reicht vom vierstimmigen Choralsatz (III, V) über den vokal dominierten Choralchorsatz mit instrumentalen Zwischenspielen (I, II, IV) bis zu einer hochvirtuosen, nun aber instrumental dominierten Choralfantasie (VI) mit »eingebauten« Liedzeilen als Beschluss des Gesamtwerkes.

Das Evangelium Mt 2,1–6 gliedert Bach in drei Abschnitte, wobei die betrachtenden Teile jeweils eng an das Bibelwort anknüpfen, ja sogar direkt mit dem Evangelisten bzw. dem Turbachor der Weisen als chorischem Teil des Evangeliums dialogisieren. Sinnvoll erscheint eine Gliederung in drei »Szenen«, allerdings mit fließenden Übergängen. Die erste Szene (44–47) beschreibt die Suche der Weisen nach dem Kind und thematisiert Jesus als Licht der Heiden. Bach steigert die Komplexität der Formen, indem er drei Satzweisen miteinander verknüpft, so dass nun sowohl das Rezitativ des Evangelisten als auch der Turbachor der Weisen mit dem Accompagnato der solistischen Altstimme verbunden sind. Der Choral »Dein Glanz all Finsternis verzehrt« weitet nach einer ersten Deutung des Geschehens (*Herkunft* des Glaubens) die Lichtsymbolik in die Bereiche des wegweisenden Lichtes (*Gegenwart* des Glaubens und Lebens) und des erhofften ewig-herrlichen Lichtes (*Zukunft* des Schauens »von Angesicht zu Angesicht«).

Durch das Fehlen einer Choralstrophe wirkt die mittlere »Szene« (48 bis 49) weniger profiliert als die beiden anderen. Entsprechend der Grundthematik muss nun das schon angedeutete »Gegenthema« der Finsternis eingeführt werden. Dies geschieht im Blick auf Herodes. Das Rezitativ, das sein Erschrecken berichtet (48), ist flankiert von zwei Sätzen: Bass-Arie und Alt-Accompagnato. Die Bass-Arie »Erleucht auch meine finstre Sinnen« (47) gehört noch in die erste Szene und verbindet diese zugleich »ex negativo« mit der Gestalt des bösen Herodes: »Dies lässet die Seele nichts Böses beginnen«. Das Accompagnato »Warum wollt ihr erschrecken?« (49) widmet sich der Furcht des Herodes und stellt sie antithetisch der Freude als einzig gültiger Antwort des Menschen auf Jesu Gegenwart gegenüber.

Im Zentrum des dritten Abschnitts, der sich dem Verhältnis von Prophetie und Gegenwart widmet, steht ein vom Evangelisten referiertes Prophetenwort. Deshalb wohl macht Bach sich die Polarität von Erwartung und Erfüllung zunutze. Inhaltlich geht es um die bereits im zweiten Abschnitt aufgeworfene Frage nach Jesu Gegenwart. Die Botschaft des Propheten Micha 5,1 – »Und du Bethlehem im jüdischen Lande« – wirft die Frage auf, wann deren Verheißung – »denn aus dir soll mir kommen der Herzog« – sich wohl erfüllen wird: »Ach, wenn wird die Zeit erscheinen?« Die Antwort heißt: Die Erfüllung ist schon Gegenwart! Das Terzett führt dies diskursiv aus, in einem dramatischen Ineinander von Frage »Ach, wenn wird die Zeit erscheinen?« und Antwort »Schweigt, er ist schon wirklich hier!«. Das folgende Accompagnato des Alt bekräftigt die Antwort im Sinne der Aneignung. Der Schlusschoral zieht dann die Conclusio: Erleuchtung ist Erfüllung, womit gleich zwei Polaritäten »aktiviert« werden: die von Finsternis und Licht als die thematische dieses Teils, aber auch jene von Erwartung und Erfüllung, die das gesamte Oratorium formal-strukturierend durchwirkt.

Bei der Disposition der solistischen vokalen Stimmlagen setzt der fünfte Teil fort, was bereits von der Gattung her normiert oder aus dem Werk als Bachs individuelle Setzung vertraut ist. Auf der Ebene des Evangeliums hören wir Tenor (Testo) und vierstimmigen Chor (die Schar der Weisen). Im Sinne der Betrachtung agieren Bass (im Blick auf Herodes) und Alt, wobei der Altstimme die mütterlich-bewahrenden, auch mystisch-erotischen und wissend-deutenden Texte zufallen. Dies gilt auch und insonderheit für das Terzett von Sopran, Tenor und Alt, in welchem der Alt(us) die Stimme der Antwort im Glauben verkörpert.

Der Eingangschor: »Ehre sei dir, Gott, gesungen« (43)

Der Eingangschor in Dacapo-Form ist, ebenso wie die den zweiten Teil eröffnende »Sinfonia«, eine Neukomposition Bachs für das Weihnachtsoratorium. Damit ist er unter den vokal-instrumentalen Tutti-Sätzen mit »Portalfunktion« der einzige, der nicht durch Umarbeitung gewonnen wurde. Auf die besondere Thematik dieses Teils nehmen die Worte des Chores noch keinen direkten Bezug. Vielmehr hat es den Anschein, dass Librettist und Komponist bemüht waren, nach dem »Kontrapunkt« des vierten Teils nun den weihnachtlichen Spannungsbogen wieder aufzunehmen. Und dafür eignet sich eine »Reminiszenz« an die theologisch wie musikalisch so bedeutsame Engelsbotschaft des zweiten Teils recht gut. Zudem ergänzen sich die beiden »Gloria«-Chöre geradezu ideal. War der erste von hoher kontrapunktischer Dichte im motettischen Stil geprägt, gelingt Bach im zweiten, einem Vivace-Satz im ¾-Takt, größte Leichtigkeit in konzertantem Gestus, gepaart mit der virtuosen Deklamation der Worte auf der Grundlage eines überaus tänzerischen Grundcharakters. Formal dominiert der Rahmenteil, wohingegen der Mittelteil mit weitgehend homophonem Vokalpart und motivischen Einwürfen der Streicher und Bläser etwas in den Hintergrund tritt.

Fundament dieser Musik ist das fast motorische Pochen und federnde Laufen der Achtelnoten im Generalbass. In den Takten 51 bis 54 steigert Bach dies im daktylischen Rhythmus über eine Oktav hinweg zum Wort »Lob«. Musikalisch gerät das Loben zum Jauchzen und Frohlocken! Das Freudenmotiv erklingt auch in den anderen Stimmen als Grundaffekt, den Bach mit einem Bild verknüpft: die von oben hereinbrechenden und arpeggienhaft gebrochenen Akkorde der Streicher als Sinnbild für die Strahlen des Lichtes. In dieses Klangbild wird der Chor mit seiner kompakten Deklamation der Worte »Ehre sei dir, Gott, gesungen« eingebaut. Paarweise führen Außen- und Mittelstimmen den virtuosen Gesang an und reißen jeweils die Übrigen mit, motivieren auch die Oboen zum Mittun in einem erregenden vokal-instrumentalen Wechselspiel voller Ausgelassenheit. Fugiert und mit vokaler Dominanz erklingen die Worte »dir sei Lob und Dank bereit'«, das »Lob« als jauchzende Figur, gemäß der Figurenlehre eine »Tirata«.

Im weitgehend homophon gestalteten kurzen Mittelteil »Dich erhebet alle Welt« kommen dann sogar beide Textschichten simultan ins Spiel. Während die Vokalisten die Begründung des Lobens und Dankens entfalten (»weil dir unser Heil gefällt«), erklingen die »Lob und Dank«-Motive aus dem A-Teil nun in Gestalt instrumentaler Zwischenspiele, deren Wortlaut die Hörer aber wohl intuitiv ergänzen. Damit wird das Nacheinander der Worte musikalisch gesteigert zu einem effektvollen Ineinander.

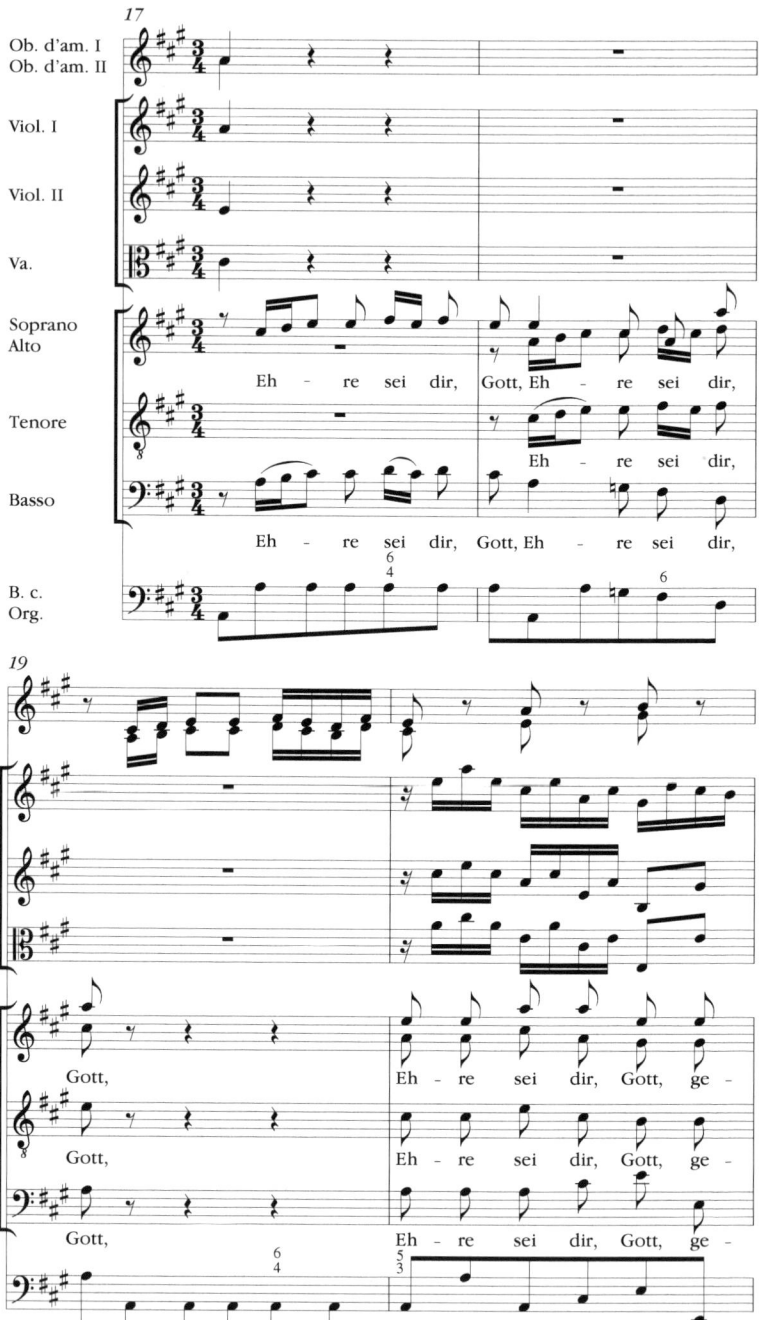

Die Weisen auf der Suche nach dem Kind

Evangelium und Accompagnato: »Da Jesus geboren war« (44–45)

Das Nacheinander von Satztypen intensiviert Bach auch hier zum Ineinander, indem er die Richtungen nach vorn und nach innen miteinander verschränkt. Gleich nach dem ersten Satz der Weisen fällt die Altstimme ihnen ins Wort, und am Ende kommentiert sie das Geschehen in einem Epilog, der zugleich die Grundthematik befestigt: das Licht. Wiederum scheint das altvertraute Schema von Verheißung und Erfüllung durch: Die Heiden haben zwar noch keine verheißungsvolle Kenntnis von Weihnachten – wohingegen die Hirten ja die Verheißung als Versprechen hatten –, und doch wollen sie das Kind schon verehren. Allein das Licht lockt und leitet sie.

Die Frage der Weisen nutzt Bach zu insistierender Gestaltung mit Wiederholungsgestus im vokal-instrumentalen Wechsel: »Wo – wo, wo ist der neugeborne König der Jüden?« Als regelhaft vierstimmigen Turbachor nach dem Vorbild der Passionsmusiken gestaltet er diesen Satz, zumal die Tradition der »Drei Könige« sich in der Bibel ja noch nicht findet. Zu »Königen« wurden die Magier durch alttestamentliche Bibelstellen wie Jesaja 60,3 und vor allem Psalm 72,10f., deren Verheißung, so die christlich-mittelalterliche Theologie, sich jetzt erfüllt: »Die Könige von Tarschisch und von den Inseln bringen Geschenke, die Könige von Saba und Seba kommen mit Gaben.«[1] In der westlichen Kirche scheint Origenes (185–254) der Erste gewesen zu sein, der von *drei* Magiern spricht. Der Reformator Calvin (1509–1564) und andere protestierten gegen diese zahlhafte Festlegung, bis heute jedoch ohne Erfolg.[2]

Überraschend schließt der erste Abschnitt in Takt 5 nicht, indem er sich rundet, sondern als fragende Öffnung, was dem »Wo?«-Impuls ja durchaus entspricht, allerdings nicht der früher vermuteten Parodie »Pfui dich, wie fein zerbrichst du den Tempel« aus der Markuspassion (1731). Auch aus diesem Grund lassen wir jene Parodievermutung auf sich beruhen und nehmen mit Konrad Küster eher eine Originalkomposition an.[3] Die »Öffnung« des Schlusses gibt dem Alt einen effektvollen Auftritt von drei Takten: »Sucht ihn in meiner Brust, hier wohnt er, mir und ihm zur Lust!« Zu diesen verinnerlichten Worten im dramatischen Kontext pausieren die Oboen d'amore, so dass die Begleitung der Altstimme durch die Violinen (und Continuo) an die Engelsbotschaft im zweiten Teil erinnert.

Der nächste Abschnitt folgt einem fugierten Aufbau aus der Tiefe heraus, was den Worten zusätzlichen Sinngehalt verleiht, weil das Kommen der Weisen aus weiter Ferne sinnlich angedeutet wird. Auch die rhetorische Hervorhebung des Wortes »anzubeten« lässt an einer Parodie zweifeln. Die letzte Passage des Alt hat dann sogar drei Adressaten. Zunächst werden die Weisen gelobt: »Wohl euch, die ihr dies Licht gesehen!« Sodann wendet sich die Rede unvermittelt an Jesus: »Mein Heiland, du, du bist das Licht …« Der Schluss richtet sich dann an die Gemeinde und will ihr zu denken geben: Obwohl sie Jesus noch nicht kennen, verehren die Weisen ihn schon! Das ist fast wie eine Erfüllung ohne Verheißung. Mit einer fragenden Schlussgeste (h – Cis) kontrapunktiert Bach die Worte, indem er das Ausrufungszeichen zu einem Fragezeichen »krümmt«.

Choral: »Dein Glanz all Finsternis verzehrt« (46)

Diesen Choral lässt Bach nicht in der Grundtonart A-Dur beginnen, sondern im parallelen fis-Moll. Durch diese ungewöhnliche Harmonisierung verklammert er die beiden Sätze 45 (»Dominante«) und 46 (»Tonika«) und spielt doppelt mit seinem Grundthema Licht–Finsternis. Zunächst »übersetzt« er es in die Abfolge Rezitativ–Choral, die gestisch als Frage nach dem Licht (Alt) und dann als Antwort (Choral) komponiert ist. Zugleich entspricht aber auch die Antwort nochmals dem Thema, weil der Choral aus seinem gleichsam schattenhaften fis-Moll-Beginn in hellste A-Dur-Klarheit übergeht.

Auch in den weiteren Zeilen dieser Strophe lässt Bach sich die »musikablen« Worte keineswegs entgehen. Chromatik und Synkopen in der Bassstimme stellen die »trübe Nacht« dar (Zeile 2), die rhythmische Differenziertheit der Schlusszeile »wir ewig schauen mögen« hingegen ist wohl als Klangbild der ewigen Schau gemeint. Die denkbar weiteste Entfernung vom vierstimmigen Kantionalsatz schafft eine größtmögliche »Polyphonisierung« des Chorals. Mit Martin Geck lässt sich dies zugleich als Bachs Gegenposition gegen die Musikästhetik des Natürlichen und Vernünftigen lesen, in welcher die Hauptstimme zu dominieren und die Unterstimmen zu begleiten hatten. Bei Bach entfalten auch die Begleitstimmen ein »Eigenleben, steigen innerhalb der ihr zugewiesenen Lage auf und ab, bilden charakteristische Figuren, blühen auf wie die Blumen in einer Landschaft« (siehe auch Notenbeispiel S. 156).[4]

Ein Seitenblick auf die beiden früheren vierstimmig-homophonen

Harmonisierungen dieses Cantus firmus ergänzt unsere Deutung der Schlusszeile. Die älteste Fassung ist der Schlusschoral der Kantate »Falsche Welt, dir trau ich nicht« (BWV 52) aus dem Jahr 1726. Der Schluss dieser Strophe heißt: »Das bitt ich dich: erhalte mich in deiner Treu, Herr Gotte!« In diesem Satz ist das »Eigenleben« der Mittelstimmen bereits ausgeprägt, aber immer noch im Sinne von Durchgangsnoten und Vorhaltsbildungen aufzufassen und somit klar auf die vertikale Akkordik bezogen.

Bekannt ist der Satz aus der Matthäuspassion »Mir hat die Welt trüglich gericht«. Hier motivieren die »falschen Tücken« Bach zu einer hochexpressiven Harmonik, etwa mit der Zwischendominante D vor g als Parallele zur Tonika im vorletzten Takt. Erst der Satz des Weihnachtsoratoriums aber zeigt nun die Anlehnung an viel ältere Vorbilder der Vokalpolyphonie. Insbesondere der Reichtum an Dissonanzen wirkt hier keineswegs mehr als (womöglich textgezeugte) hochexpressive Abweichung von einer vorgegebenen Ordnung, sondern konstituiert vielmehr einen neuen, durchweg »polyphonisierten« Typus des vierstimmigen Choralsatzes. Bach berücksichtigt nun weniger den Sensus bestimmter Einzelworte, dafür achtet er jedoch stärker auf den Skopus des gesamten Textes. Und welcher Skopus könnte für die Zeitkunst Musik inspirierender sein als der biblisch-visionäre Gedanke der »ewigen Schau« von Angesicht zu Angesicht?

Nachdenklich macht schließlich, dass gerade diese Melodie in einem vierstimmig-fugierten Satz mit instrumentalen Zwischenspielen den »Actus Tragicus«, eine der frühesten Kantaten Bachs, abschließt, und zwar zu den Worten »Glorie, Lob, Ehr und Herrlichkeit«. Dort ist die letzte Choralzeile, die wir gerade betrachtet haben, jedoch nicht homophon gesetzt, sondern eine ausgedehnte Fuge mitsamt Augmentation. Dieser Ausweitung steht nun mit dem Choralsatz im Weihnachtsoratorium die einzigartige Fokussierung gegenüber.

Aria: »Erleucht auch meine finstre Sinnen« (47)

Dieses komponierte Gebet, eine Bitte, verbindet die erste mit der mittleren Szene dieses Teils. Die Erleuchtung, die den Weisen zuteil wurde, ereignet sich hier und jetzt, wenn das »Wort« (vgl. Luthers Formel »Sola scriptura«, »allein durch die Heilige Schrift«) zur »hellsten Kerze« wird. Wir erinnern uns, dass von der »Fackel« schon im ersten Choral die Rede war. Wenn Erleuchtung geschieht, kann »die Seele nichts Böses beginnen« – anders als Herodes, von dem der Evangelist gleich berichtet.

Die letzten Takte des Schlusschorals aus der Kantate »Falsche Welt, dir trau ich nicht« (BWV 52) aus dem Jahr 1726

Choral »Mir hat die Welt trüglich gericht« aus der Matthäuspassion (1727)

Schlusstakte des Chorals »Dein Glanz all Finsternis verzehrt« aus dem Weihnachtsoratorium (1734)

Urbild des Satzes ist die Sopran-Arie »Durch die von Eifer entflammten Waffen« aus der Kantate »Preise dein Glücke, gesegnetes Sachsen« (BWV 215). Deren Obligatinstrument war die zweifach besetzte Flöte, während die Oboe d'amore die Singstimme verdoppelte. Die Besonderheit jenes Stückes war die Anlage als »Bassettchen«. Der Generalbass pausiert, so dass die »Violini e Violetta« die tiefste Stimme bilden. Mit der eigentlichen Bassstimme fehlt das Haften am Irdischen, um anzudeuten, dass hier eine wahrhaft »himmlische« Tugend des Regenten besungen wird. Schließlich ist davon die Rede, dass er »die Bosheit mit Wohltat« vergelten will. Bach transponiert den Satz von h-Moll nach fis-Moll und macht so aus einer hellen Sopran-Arie eine für Bass und Oboe d'amore!

Sowohl Finsternis als auch Erleuchtung werden musikalisch-sinnlich erfahrbar: das Finstere in der mitunter fast verqueren Rhythmik der Singstimme mit Repetitionen und unsanglichen Figuren, das Helle in den Dreiklangsbrechungen der Oboe, die an den Eingangschor erinnern. Der eindringliche Charakter des ganzen Satzes wird bereits in den ersten Takten der Oboe d'amore deutlich, die beim Vokalbeginn (T. 24ff.) wiederkehren: dem deklamatorisch nahe liegenden Quartauftakt »Er-leucht« folgt gleich zwei Mal – auf die Silben »auch« und »finst«-re – eine nicht textgezeugte energische Figur als punktierte Achtelnote mit zwei angehängten Zweiunddreißigsteln. Dass die Arie im Weihnachtsoratorium nun auch eine instrumentale tiefe Bassstimme erhält, versteht sich fast von selbst. Ein »Bassettchen« wäre bei der ursprünglich geplanten Parodie mit dem Text »Schließe, mein Herze, dies selige Wunder« denkbar gewesen. Zu den »finstren Sinnen« hätte es nicht mehr gepasst.

Der finstere Herodes

Evangelist und Rezitativ:
»Da das der König Herodes hörte« (48, 49)

Dass die Predigt nicht die Auslegung, sondern die Ausführung eines biblischen Textes ist, bemerkt ein moderner Theologe. Bach hätte diese Devise wohl bejaht. Gerade im Weihnachtsoratorium folgen Auslegung und Ausführung oftmals dicht aufeinander, so auch in diesem Satz. In höchster Lage berichtet der Evangelist das Erschrecken des Herodes überzeugend, und dann kaum weniger emphatisch das Erschrecken des ganzen Jerusalem. Zur Auslegung setzt Bach ein musikalisches Bild ein: Exclamatio und verminderter Akkord. Dann geht die Auslegung mit Tremolofiguren, die Zittern und Beben versinnlichen, direkt in die Ausführung über. Doch nach viermaligem Erklingen wandeln sie sich in kleine Freudenmotive. Damit ist die Frage des Textes »O! Solltet ihr euch nicht vielmehr darüber freuen?« musikalisch eindeutig beantwortet.

Prophetie und Gegenwart

Evangelist: »Und ließ versammeln alle Hohepriester« (50)

Nun beginnt der Evangelist – erstmals im gesamten Werk – nicht neu, sondern setzt das Accompagnato organisch fort, weil Bach im fünften Teil die Richtungen nach vorn und nach innen besonders integrativ verschränken will. Dem neuartigen Beginn entspricht eine besondere Gestaltung des Schlusses: mit einem feierlich bestätigenden instrumentalen Nachspiel, auch das ein Novum im gesamten Werk.

In Takt 9 greift Bach zu einer Licentia – als bewusster Verstoß gegen eine traditionelle oder im Werk selbst gesetzte kompositorische Regel –, wie wir sie bereits aus dem zweiten Teil kennen, als die Fortsetzung der Engelsbotschaft an die Hirten nicht vom »Angelus« vorgetragen wurde, sondern vom Evangelisten. Nun verzichtet Bach ein zweites Mal auf die von der Gattung des Oratoriums eigentlich gebotene Dramatisierung, indem er die direkte Rede der Hohenpriester und Schriftgelehrten nicht als Chor ausführt, sondern wiederum dem Evangelisten zuschlägt. Dafür gibt es hier wohl zwei Gründe, die sich gegenseitig ergänzen. Formal handelt es sich im Bibeltext um eine zitathafte Verschachtelung, wie wir sie heute durch die »Fenster« des Computers kennen. In der Klangrede des Evangelisten öffnet sich nicht nur das Zitat der Hohenpriester und Schriftgelehrten (Fenster 1), sondern dieses öffnet sich nochmals zu einem langen Prophetenzitat (Fenster 2). Bach hat hier offenbar zwischen der dramatischen und der theologischen Bedeutung der Stimmenzuweisung differenziert. Formal-dramatisch wäre ein Turbachor der »Hohenpriester und Schriftgelehrten« denkbar gewesen, denn sie haben das Wort. So verfährt Heinrich Schütz in seiner »Weihnachtshistorie«, indem er einen Chor der Hohenpriester mit vier Bässen (!) aufbietet, der vom Generalbass und zwei Posaunen gravitätisch begleitet wird.

Bach denkt anders: Die Worte der Hohenpriester und Schriftgelehrten sind ja gar nicht deren eigene Worte, sondern ein etwas frei zi-
tiertes Prophetenwort aus dem Buch des Propheten Micha. Deshalb wohl
unterdrückt er die chorische Möglichkeit und belässt das Prophetenwort
beim Evangelisten, zumal auch dieses Wort ja »frohe Botschaft« ist.

Er gestaltet es mit einer typisch rezitativischen Steigerung, nämlich als
gewichtiges Arioso im Zeitmaß »andante«. Das instrumentale Nachspiel
hat dann die Funktion einer Unterstreichung. Vielleicht darf gesagt werden, dass diese Takte des Weihnachtsoratoriums sich am stärksten dem
Bachschen »Modell« der Vox Christi nähern, die ja in diesem Werk nicht
vorkommt. Zu vergleichen wären die Christus-Rezitative der Matthäuspassion, oder die österliche Zusage »Der Friede sei mit dir« als arioses
Christuswort im Eingangssatz der gleichnamigen Solokantate für Bass
(BWV 158).

Aria Terzetto: »Ach, wenn wird die Zeit erscheinen?« (51)

Weil das Schriftbild in Bachs Partitur hier Reinschriftcharakter aufweist, könnte es sich bei diesem Satz um eine Parodie handeln. Eine Vorlage konnte jedoch bislang nicht ermittelt werden. Ebenso wie beim Duett im dritten Teil lasen die ersten Hörer Bachs im Textdruck die Überschrift »Aria«. Beim Duett bestand Bachs Dramatisierung in der dialogischen Anlage, so dass beide Stimmen den gesamten Text singen, der wiederum durch seine dialogische Durchführung neue sinnlich-sinnvolle Qualitäten gewinnt. Das Terzett jedoch gestaltet Bach wesentlich dramatischer, indem er mit dem Textangebot freier umgeht. Die ersten beiden Zeilen weist er Sopran und Tenor zu, die dritte ausschließlich dem Alt, die vierte wird zur Grundlage des Mittelteils von Sopran und Tenor, während der Alt schweigt.

Um Jesus als Licht geht es im fünften Teil. Und ähnlich wie die Weisen nach dem »Wo?«, so fragen nun Sopran und Tenor nach dem »Wann?«: »Ach, *wenn* [= wann] wird die Zeit erscheinen?« Allein die Altstimme beteiligt sich nicht an diesem Gesang der Erwartung. Ihre Perspektive ist inhaltlich die Erfüllung und formal die Antwort. Deshalb ruft sie zum Schweigen auf mit der Begründung: »Er ist schon wirklich hier«. Bach hält die beiden verschiedenen Perspektiven – Frage der Erwartung und Antwort als Erfüllung – konsequent durch. Und vielleicht ist es kein Zufall, dass der Schluss der Altstimme auch an die h-Moll-Messe erinnert: »Et incarnatus est«.

Weihnachtsoratorium

h-Moll-Messe

Dieses Geheimnis ist der Grund der Erfüllung, der wieder zur Hoffnung werden kann. »De spiritu sancto« heißt die Fortsetzung im Credo – und nach alter Tradition ist die Altstimme[5] diejenige, die Hohes mit Niederem verbindet (»altus« bedeutet sowohl hoch als auch tief), weil »aus der Höh' der Geist mit musiziert«, wie es in einer Gedichtstrophe von Johann Saubert heißt. »Ex Maria virgine« – die Altstimme ist Symbol Marias: ihre sehnsüchtige Erwartung, gläubige Erfüllung und liebende Erinnerung sind Fundament der Gewissheit im Glauben, die ihr nun im fünften Teil obliegt. Deshalb ist ihre Dreiklangsmotivik, die melodisch besser zu D-Dur passt als zu h-Moll (T. 39), hier ein Kontrast zu den seufzenden Figuren des Soprans und des Tenors.

»Jesu, ach, so komm zu mir« heißt – unter dem Eindruck der Botschaft der Altstimme? – der Mittelteil mit sehnsüchtigen Koloraturen im Tenor und Sopran, bisweilen in emphatischer Parallelführung. Hierzu schweigt der Alt, die Violine meldet sich nur mit kurzen Einwürfen.

Der dritte Abschnitt beginnt mit dem Grundmotiv in der Violine, nun aber in A-Dur. Nun setzt der Tenor mit den sehnsuchtsvollen Fragen ein, der Sopran antwortet im Kanon, dann überlagern sich beide Stimmen – und schließlich mischt sich die Altstimme wieder mit dem gebieterischen »Schweigt!« ein. Die Solovioline (vgl. Teil III) repräsentiert den Affekt der Sehnsucht, etwa in den Synkopen der ersten beiden Takte. Zugleich ist sie charakterisiert durch ein schweifendes Suchen durch den ganzen Tonraum. Der Bass als Vox Christi ist wohl gezielt ausgespart. Es geht ja um die Frage, wo Christus gegenwärtig wird: in der Sehnsucht und im Herzen als Thron.

Das Motiv des »Kommens« ist zentral für Advent und Weihnachten. Es begegnet uns in zahlreichen Kompositionen Bachs, etwa zum Choral »Nun komm, der Heiden Heiland«. Als bibeltheologischen Hintergrund nennen wir abschließend einen Vers aus der Offenbarung des Johannes (Offb 22,21), zu dem Bach in seiner Calov-Bibel – die er 1733, also nur ein Jahr vor der Komposition des Weihnachtsoratoriums, erworben hat – diese Auslegung lesen konnte: »Es spricht, der solches zeuget: (Christus der Herr): Ja, Ich komme bald (der Gläubigen Wunsch und Begierde zu erfüllen). Amen (das geschehe). Ja, komm, Herr Jesu, so seufzet eine jede gläubige Seele, so seufzet auch hier St. Johannes: Amen, amen, komm du schöne Freuden Krone, bleib nicht lange, deiner wart ich mit Verlangen.«[6] Das Kommen Jesu – hier ist hauptsächlich sein endzeitliches Kommen gemeint – bewirkt Sehnsucht und Seufzen, aber auch Gegenwart und Freude, die im Schmuck der Krone und der musikalischen Koloraturen erfahrbar wird. Das Zitat aus Philipp Nicolais »Morgenstern«-

Lied mitten im Bibeltext wiederum verdeutlicht, wie sehr nicht nur in der konzertanten Musik die Liedstrophen eine Sprachmöglichkeit des Glaubens waren – und vielleicht noch sind.

Accompagnato: »Mein Liebster herrschet schon« (52)

Erst das Rezitativ löst die Frage der Gegenwart Jesu, die im Terzett aufgeworfen wurde. Das Herz ist Jesu Thron. Wir erinnern uns an den »äußeren Thron« im Eingangschor des vierten Teils. Jetzt offenbart sich der innerste.

Choral: »Zwar ist solche Herzensstube« (53)

Wie so oft in Bachs Werk hören wir in der geistlichen Dramaturgie die Betonung des »Sola gratia«: Auf die göttliche Gnade kommt es an, nicht auf menschliche Leistung. Das Weihnachtsoratorium ist dem »Solus Christus« insgesamt verpflichtet. Dem Höchsten gilt diese Musik. Zugleich ist das Werk in seiner biblischen Inspiration von dem Prinzip »Sola scriptura« durchweg geprägt, was in Bachs besonderer Musikalisierung der Prophetenworte deutlich wurde. Drittens nun »Sola gratia«. Das Rezitativ könnte dem Missverständnis Vorschub leisten, dass Christus erst dann herrscht, wenn das Herz ihn liebt und somit – aus eigener Kraft – zu seinem Thron wird. Das wäre aber unlutherisch. Zur wohlüberlegten Disposition gehört, dass eine Choralstrophe in der Muttersprache der Hörer die rechte Deutung gibt, und zwar im Sinnbild des fünften Teils, das heißt in der Symbolik von Licht und Finsternis. Das Herz ist von Natur finster, die chorische Altstimme zeigt das figürlich an mit ihrer synkopischen Abwärtsbewegung. Erst wenn die Gnade in es hinein scheint, wird es hell und »voller Sonnen«.

Teil VI

»Herr, wenn die stolzen Feinde schnauben«

Gefahr und Geborgenheit im weihnachtlichen Glauben

Blick in die Werkstatt

Beim sechsten Teil des Weihnachtsoratoriums greift Bach auf die Musik einer verschollenen Kantate zurück, was nicht zuletzt aus der größtenteils korrekturenarmen Reinschrift ersichtlich wird. Selbst die Accompagnati sind vermutlich aus dieser Vorlage mittels Umtextierung übernommen.

Auf dieser Partiturseite erkennen wir nicht weniger als drei verschiedene Sätze. Oben eine Passage des Eingangschores »Herr, wenn die stolzen Feinde schnauben«. Das oberste System gibt einen Eindruck von der virtuosen Fanfarenmotivik der ersten Trompete. »… deiner Hülfe sehn; Herr, wenn die stolzen Feinde schnauben …« singt der Chor in homophon-sieghaftem Duktus.

Auf den fünf Systemen unterhalb des Eingangschores stehen die Schlusstakte der Choralstrophe »Ich steh an deiner Krippen hier«, die auf der vorigen Seite begonnen hatte. Textiert ist aus Gründen der Übersichtlichkeit, wie häufig in Bachs vierstimmigen Choralsätzen, nur die Sopranstimme. Eine Korrektur im vorletzten Takt des Soprans zeigt, dass Bach zunächst eine andere Rhythmisierung der Schlusszeile (sowie der zweiten Zeile) im Sinn hatte.

Der dritte Satz ist das Rezitativ des Evangelisten »Und Gott befahl ihnen im Traum«, das gleichsam rechts und unten um die Choralstrophe herumgeschrieben ist. Bei der musikalischen »Zeichnung« des Namens Herodes (Ende der zweiten Zeile) hat Bach stark korrigiert. Außerdem war zunächst kein Attacca-Übergang zum Tenor-Accompagnato »So geht« geplant. Vielmehr sollte dieses Rezitativ in einem instrumentalen Schlusstakt ausklingen. Das Pausenzeichen in der Singstimme war schon notiert, doch Bach tilgt es mit einem »Wischer«, also durch Verwischen der Tinte mit dem Handrücken, und zusätzlich durch Überschreiben mit dem Taktzeichen »C«, das für den folgenden Satz gilt.

Text und Besetzung

54. Chorus [S, A, T, B, Trba. I–III, Timp., Ob. I, II, Str., B. c.]

Herr, wenn die stolzen Feinde schnauben,
So gib, dass wir im festen Glauben
Nach deiner Macht und Hülfe sehn!
  Wir wollen dir allein vertrauen,
  So können wir den scharfen Klauen
Des Feindes unversehrt entgehn.

55. Evangelista [T, B, B. c.]

Evangelista
»Da berief Herodes die Weisen heimlich und erlernet mit Fleiß von ihnen,
wenn der Stern erschienen wäre? Und weiset sie gen Bethlehem und sprach:«
Herodes
»Ziehet hin und forschet fleißig nach dem Kindlein, und wenn ihrs findet,
sagt mirs wieder, dass ich auch komme und es anbete.«

56. Recitativo [S, Str., B. c.]

Du Falscher, suche nur den Herrn zu fällen,
Nimm alle falsche List,
Dem Heiland nachzustellen;
Der, dessen Kraft kein Mensch ermisst,
Bleibt doch in sicher Hand.
Dein Herz, dein falsches Herz ist schon,
Nebst aller seiner List, des Höchsten Sohn,
Den du zu stürzen suchst, sehr wohl bekannt.

57. Aria [S, Ob. d'am. I, Str., B. c.]

Nur ein Wink von seinen Händen
Stürzt ohnmächtger Menschen Macht.
Hier wird alle Kraft verlacht!
Spricht der Höchste nur ein Wort,
Seiner Feinde Stolz zu enden,
O, so müssen sich sofort
Sterblicher Gedanken wenden.

58. Evangelista [T, B. c.]

»Als sie nun den König gehöret hatten, zogen sie hin. Und siehe, der Stern,
den sie im Morgenlande gesehen hatten, ging für ihnen hin, bis dass er kam
und stund oben über, da das Kindlein war. Da sie den Stern sahen, wurden sie
hoch erfreut und gingen in das Haus und funden das Kindlein mit Maria,

seiner Mutter, und fielen nieder und beteten es an und täten ihre Schätze auf und schenkten ihm Gold, Weihrauch und Myrrhen.«

59. CHORAL [S, A, T, B, B. c. (+ Hbl., Str.)]

Ich steh an deiner Krippen hier,
O Jesulein, mein Leben!
Ich komme, bring und schenke dir,
Was du mir hast gegeben.
Nimm hin! es ist mein Geist und Sinn,
Herz, Seel und Mut, nimm alles hin,
Und lass dirs wohlgefallen!

60. EVANGELISTA [T, B. c.]

»Und Gott befahl ihnen im Traum, dass sie sich nicht sollten wieder zu Herodes lenken, und zogen durch einen andern Weg wieder in ihr Land.«

61. RECITATIVO [T, Ob. d'am. I, II, B. c.]

So geht! Genug, mein Schatz geht nicht von hier,
Er bleibet da bei mir,
Ich will ihn auch nicht von mir lassen.
Sein Arm wird mich aus Lieb
Mit sanftmutsvollem Trieb
Und größter Zärtlichkeit umfassen;
Er soll mein Bräutigam verbleiben,
Ich will ihm Brust und Herz verschreiben.
Ich weiß gewiss, er liebet mich,
Mein Herz liebt ihn auch inniglich
Und wird ihn ewig ehren.
Was könnte mich nun für ein Feind
Bei solchem Glück versehren!
Du, Jesu, bist und bleibst mein Freund;
Und werd ich ängstlich zu dir flehn:
Herr hilf!, so lass mich Hülfe sehn!

62. ARIA [T, Ob. d'am. I, II, B. c.]

Nun mögt ihr stolzen Feinde schrecken;
Was könnt ihr mir für Furcht erwecken?
Mein Schatz, mein Hort ist hier bei mir.
    Ihr mögt euch noch so grimmig stellen,
    Droht nur, mich ganz und gar zu fällen,
    Doch seht! mein Heiland wohnet hier.

63. Recitativo [S, A, T, B, B. c.]

> Was will der Höllen Schrecken nun?
> Was will uns Welt und Sünde tun,
> Da wir in Jesu Händen ruhn?

64. Choral [S, A, T, B, Trba. I–III, Timp., Ob. I, II, Str., B. c.]

> **Nun seid ihr wohl gerochen**
> **An eurer Feinde Schar,**
> **Denn Christus hat zerbrochen,**
> **Was euch zuwider war.**
> **Tod, Teufel, Sünd und Hölle**
> **Sind ganz und gar geschwächt;**
> **Bei Gott hat seine Stelle**
> **Das menschliche Geschlecht.**

Thematik, Parodie und Disposition

Der festlich-virtuose Schlussteil des Weihnachtsoratoriums in der Grundtonart D-Dur und mit groß besetztem Orchester inklusive der Trompeten und Pauken gilt dem Epiphaniasfest am 6. Januar. In seiner dramaturgischen Konzeption hatte Bach das Evangelium dieses Tages (Mt 2,1–12) geteilt und den ersten Abschnitt (Verse 1–6) bereits für den fünften Teil des Oratoriums verwendet. Als biblische Grundlage des sechsten Teils fungiert nun, zu drei Szenen ausgearbeitet, der zweite Abschnitt mit den Versen 7–12. So ergibt sich für die Disposition der beiden letzten Teile nochmals das Grundschema von Erwartung und Erfüllung, das im ganzen Werk immer wieder wirksam wird. Die Weisen aus dem Morgenland suchen das Kind (Teil V) und sie finden es (Teil VI). Ihr »Gegenspieler« ist der König Herodes, dessen individuelle, bereits im fünften Teil gezeichneten Züge der Falschheit Bach nun in Teil VI mit breiten Strichen zum Bild universaler Feindschaft ausmalt. Und darin erkennen wir bereits die Grundpolarität des letzten Teils: Um Freundschaft mit Jesus geht es, aber auch um Feindschaft als deren Gegenbild. Freundschaft mit Jesus bedeutet himmlische Geborgenheit, Feindschaft dagegen Gefährdung bis hin zur Hölle auf Erden.

Die spirituelle Auseinandersetzung mit den Feinden überrascht im Weihnachtsoratorium. Ist Weihnachten denn nicht das »Fest der Liebe«, und zwar der Nächsten- *und* der Feindesliebe? Ganz so einfach ist es nicht. Die Erfahrung der Feinde ist ein Grundthema schon der Psalmen, die alles Menschliche artikulieren, nicht nur die Sonnenseiten. Die alttestamentlichen Feindpsalmen »stammen nicht aus der wohltemperierten Stimmungslage von Menschen, denen man jegliche Sensibilität und Emotionalität ausgetrieben hat.«[1] Bisweilen wird solchen religiösen Texten heute »Rachsucht« vorgeworfen – und auch der Schlusschoral des sechsten Teils beginnt ja mit dieser Thematik in altertümlicher Formulierung: »Nun seid ihr wohl gerochen [von ›rächen‹, nicht von ›riechen‹] an eurer Feinde Schar«. Entscheidend ist, dass diese Zusage die Menschen gerade nicht zur Rache aufruft, weil Christus sie längst geleistet hat: »denn *Christus* hat zerbrochen, was euch zuwider war«. Letztlich geht es um die menschliche Grunderfahrung des Leidens. Sie wird nicht verschwiegen, sondern artikuliert und verbunden mit der Hoffnung auf Gerechtigkeit. Hier berühren sich sogar Musik und Ethik, denn die musikalische Schönheit wird zu einer eindringlichen Sprache für die Hoffnung auf Gerechtigkeit, damit die Ungerechtigkeit und die Feinde nicht das letzte Wort behalten mögen. Verbürgt ist dies in Jesus, von seiner Geburt über die Passion (»Der Held aus Juda siegt mit Macht und schließt den Kampf: Es ist vollbracht«) bis zur Auferstehung und Wiederkunft als Retter und Richter. Schon jetzt ist durch seine Menschwerdung das gesamte »Ensemble« der widergöttlichen Mächte, als da sind »Tod, Teufel, Sünd und Hölle«, zwar noch vorhanden, jedoch »ganz und gar geschwächt«. Die »Feinde« sind eine *Gefährdung* des Glaubens. Gegenübergestellt wird ihnen im Weihnachtsoratorium die *Geborgenheit* im Glauben, die im Schlusssatz des ganzen Werkes gründet: »Bei Gott hat seine Stelle das menschliche Geschlecht.«

Entstehungsgeschichtlich eignet dem sechsten Teil eine Besonderheit, die uns in den vorigen Teilen noch nicht begegnet war. Dieser Teil ist die »En-bloc-Parodie« einer verschollenen Kantate (BWV 248a), aus deren Bestand Bach sogar einige Stimmen, vermutlich Dubletten, in das Weihnachtsoratorium übernommen hat. Dass das Urbild nun, im Unterschied zu den bislang betrachteten Parodien, eine Kirchenkantate gewesen sein muss, belegt eindeutig die Choralbearbeitung des Schlusssatzes, die ja in einer weltlichen Kantate nicht denkbar wäre. Neu komponiert hat Bach nur das Evangelistenrezitativ sowie den vierstimmigen Choralsatz »Ich steh an deiner Krippen hier«, der in seiner Innigkeit als »Kontrapunkt« zur aufgewühlten Atmosphäre dieses Teils wirkt. Unklar bleibt freilich, ob die Tatsache, dass selbst die Accompagnati parodiert wurden, auf einen langfristigen Plan Bachs mit sorgsam vorbereiteter doppelter Textierung hindeutet oder auf großen Zeitdruck bei der Fertigstellung des Gesamtwerkes.

Nun nähern wir uns der Freund-Feind-Thematik liturgisch. Sie ist in der Barockzeit durchaus auch ein weihnachtliches Thema, und zwar dem Sonntag nach Weihnachten zugeordnet mit Herodes als Symbolfigur des Feindes Christi (und der Christen). Die Worte »Was fragt ihr nach dem Schreien / Der Feind' und ihrer Tück'? Der Herr wird sie zerstreuen / In einem Augenblick« lesen wir in der vorletzten Strophe des Liedes »Wie soll ich dich empfangen?«, dessen Eingangsstrophe im Weihnachtsoratorium ja als erster Choral fungiert.

In den sechsten Teil des Weihnachtsoratoriums kommen die kämpferischen Töne, wie bereits angedeutet, auf dem Umweg der Parodie, was Andreas Glöckner[2] überzeugend zeigen konnte. Den Wortlaut des »Originals« kennen wir nicht, weil die Musik jener Kirchenkantate insgesamt verschollen ist. Gefragt werden kann aber, an welcher Stelle des Kirchenjahres solch kämpferische und sieghafte Töne der Musik denn angebracht sind. Das spirituelle Thema »Kampf gegen Feinde« begegnet uns etwa zu Ostern, wenn die liturgische Sequenz »Victimae paschali laudes« den »Kampf auf Leben und Tod« besingt. In Bachs Musik hören wir das in der Osterkantate »Christ lag in Todesbanden« über das gleichnamige Luther-Lied: »Es war ein wunderlicher Krieg, da Tod und Leben rungen, das Leben behielt den Sieg, Es hat den Tod verschlungen« (BWV 4). Im Tod als dem Gegenspieler von Mensch und Christus kulminieren alle lebensfeindlichen Mächte: »Tod, Teufel, Sünd und Hölle« (VI,64). Weil sie besiegt sind, ist nicht Angst, sondern Vertrauen die christliche Grundhaltung: »Ist Gott für uns, wer mag wider uns sein« (Röm 8,31). Ein weiterer liturgischer Ort, an dem die finster-feindlichen Mächte zudem in einer »Person« zusammengefasst sind, ist das *Michaelisfest*, das in Leipzig eine zusätzliche Bedeutung durch die Michaelismesse hatte. Bereits ein Blick auf die von Bach zu diesem Fest vertonten Texte lässt eine Verwandtschaft zu Teil VI des Weihnachtsoratoriums erahnen.

Gehen wir den Wortlaut des sechsten Teils nach Hinweisen durch. Die »stolzen Feinde« könnten im »Original« identifiziert gewesen sein, nämlich als Luzifer, der Gegenspieler Michaels. Der »Sturz« im Rezitativ und der Arie für Sopran – »Du Falscher« und »Nur ein Wink von seinen Händen« – war wohl zunächst der Sturz jenes bösen Engels, den die Michaeliskantate »Es erhub sich ein Streit« (BWV 19) – sie entstand zehn Jahre vor dem Weihnachtsoratorium auf einen Text von Picander – als »rasende Schlange« und »höllischen Drachen« tituliert. Der Drache ist im Weihnachtsoratorium verschwunden, das heißt, in die Allgemeinheit der »Feinde« eingerückt; sein »Schnauben« gleich in der ersten Zeile des Eingangschores blieb jedoch erhalten. Das »Bleiben« des Schatzes (Tenor-Accompagnato) erinnert an einen weiteren Topos des Michaelisfestes, nämlich die Thematik des Schutzengels: »Bleibt, ihr Engel, bleibt bei mir!« (BWV 19). Der Arientext »Nur ein Wink von seinen Händen stürzt ohnmächtger Menschen Macht« scheint von Psalm 118,15 inspiriert, der häufig am Michaelisfest zitiert wird: »Die Rechte des Herrn ist erhöht; die Rechte des Herrn behält den Sieg«. Und auch eine passende Strophe für den Schlusschoral ist ausfindig zu machen:

»Nun hilf, dass ich mich wende
zu dir, Herr Christ, allein,
Gib mir ein seligs Ende
send mir dein Engelein.
Führ mich ins ewig Leben
das du erworben hast
durch dein Leiden und Sterben
getilgt der Sünden Last.«[3]

Nun wird auch die Zuweisung der vokalen Stimmlagen mitsamt ihrer Inkonsequenz im Schlussteil etwas plausibler. Wo wir nämlich im Weihnachtsoratorium die solistische Altstimme erwarten, singt der Tenor – nicht, weil Bach die Disposition verändert hat, sondern weil er offensichtlich in große zeitliche Bedrängnis kam, so dass er die dem Tenor als kämpferischem Helden der Michaeliskantate zugewiesenen Partien nicht mehr auf das Konzept des Weihnachtsoratoriums mit der Bevorzugung der Altstimme hin ändern konnte. Dies hätte erhebliche Konsequenzen für den Tonartenplan und die Instrumentierung nach sich gezogen. Im Übrigen fungiert der Tenor ja schon im Eingangschor durch seine Exposition der fanfarenhaften Melodik als »Anführer« des Chores.

Wie ein kontemplatives Gegenbild zu den kämpferischen Tönen des sechsten Teils wirkt der neu komponierte Choralsatz »Ich steh an deiner Krippen hier«. Es ist die erste Strophe des gleichnamigen Liedes von Paul Gerhardt. Dieses Lied ist als Betrachtung der Krippenszene mit den drei Weisen entstanden. Bach platziert es im Oratorium nun genau an der biblischen Stelle, von der es poetisch ausgeht.

In der Disposition des sechsten Teils erkennen wir drei »Szenen«, die jeweils vom Bericht des Evangelisten eingeleitet werden. Herodes steht im Mittelpunkt der ersten Szene (55–57), dann folgt das Wort von der Anbetung der Weisen mit der Antwort im Choral »Ich steh an deiner Krippen hier« (58–59). Drittens hören wir von der Heimkehr der Weisen. Ihr »Fortgehen« wird beantwortet mit dem Bekenntnis, dass Jesus als »mein Schatz« hingegen »bleibt«. Dann leitet das Accompagnato zur kämpferischen Arie »Nun mögt ihr stolzen Feinde schrecken« über, die in der dramaturgischen Richtung nach vorn fast wie eine Doppelung wirkt, zudem sie im gleichen Versmaß steht wie der Eingangschor. Das Rezitativ aller vier solistischen Vokalstimmen stellt ein letztes Mal die Frage nach den Feinden, nun im Bild des »Höllenschreckens«. Im Choralchorsatz »Nun seid ihr wohl gerochen« wird die Frage mit sieghafter Gewissheit beantwortet.

Bachs Rahmung des Gesamtwerkes mit ein und derselben Choralmelodie als erstem Choral in Teil I sowie als Choralchorsatz am Ende von Teil VI hatten wir im Einleitungskapitel schon angesprochen. Der innige vierstimmige Choralsatz des ersten Teils lotet den modal-phrygischen Charakter der Melodie aus. Im sechsten Teil hingegen wird der Choral in einen tonalen Instrumentalsatz in D-Dur eingebaut. Die introvertierte Erwartung hat sich endgültig verwandelt in siegesgewisse Erfüllung.

Der Eingangschor:
»Herr, wenn die stolzen Feinde schnauben« (54)

Mit einem geradezu fulminanten Chor in der Art eines »musikalischen Schlachtengemäldes«[4] setzt der letzte Teil des Oratoriums ein. Es dominiert der Part der ersten Trompete mit einem dreifach-auftaktigen, zudem kämpferisch skandierten Signal (Quart, Quint, Sext), dem später der Textbeginn unterlegt wird, wodurch sich eine »Gradatio« als Steigerung zum wichtigsten Wort »Feinde« ergibt.

Bereits nach vier Takten wechseln die Fronten, denn nun erklingt das Motiv in den anderen Instrumenten, während die erste Trompete mit einer atemberaubend virtuosen Sechzehntelkette brilliert. Nicht um das typisch konzertante Gegeneinander mehrerer Gruppen scheint es hier zu

gehen, sondern um dessen solistische Zuspitzung, fast nach der Devise »Einer gegen alle« oder biblischer noch: der Kampf Davids gegen Goliath. All diese Assoziationen entsprechen, wie schon gezeigt, zugleich der Charakteristik des Michaelisfestes. In Takt 20 deuten ein »subito piano« und das Bogentremolo in Violine II, Viola und Basso continuo das plötzliche Zurückschrecken als weiteres musikalisch inspirierendes Moment des Kampfes an. Das anschließende Forte gewinnt die Qualität einer Siegesfanfare.

Durch die imitatorisch einsetzenden Vokalstimmen verschmelzen die Formprinzipien der Fuge und des Konzerts miteinander. Die gemeinsame Feier des Sieges scheint sich in Takt 164 zu ereignen, wenn die Vokal- und Instrumentalgruppen das Grundthema quasi homophon skandieren. Dass es um äußerste Dramatik geht, unterstreicht schließlich der den Schluss wirkungsvoll verzögernde doppelt verminderte Septakkord im drittletzten Takt (Töne $gis-f^1-h^1-d^2$ auf der ersten Zählzeit). Dadurch fassen die Schlusstakte die für diesen Teil des Weihnachtsoratoriums insgesamt entscheidende Polarität von Gefährdung und Geborgenheit nochmals auf engstem musikalischem Raum zusammen.

Herodes

Evangelist: »Da berief Herodes die Weisen heimlich« (55)

Um Herodes geht es in dieser ersten Szene. Wie übersetzt Bach seine »Falschheit« in Musik? Im Unterschied zu dem »hellen« Soliloquium des Engels, das in Teil II als Accompagnato erklungen ist, reduziert Bach hier die Besetzung auf ein Secco-Rezitativ. Am Ende jedoch lässt er sich die Gelegenheit eines Kommentars nicht entgehen. Wir hören die Worte »Kommen« und »Anbeten«, die später auch im Choral »Ich steh an deiner Krippen hier« überaus wichtig sind. Doch hier erklingen sie falsch! »Komme« mit einer Sext aufwärts in die Terz des G-Dur-Akkords entspricht noch den Regeln. Dann aber folgt unvermittelt und etwas pathetisch ein Quintsextakkord E-Dur als Zwischendominante zur eigentlichen Dominante A-Dur. Über den harmonisch nicht gestützten Durchgangston *cis¹* erreicht Herodes die Sept des Akkords. Seine Anbetung führt selbstsicher nach oben, ganz anders als die demütige der Weisen im nächsten Rezitativ. Fast ironisch klingen die wiederum unmotivierten Zweiunddreißigstel auf der schwachen Silbe »anbe-*te*«. Nur selten lässt der Bassist sich dies interpretatorisch entgehen – allerdings ist hier die Übertreibung zu vermeiden. Herodes ist bei Bach ein dunkles (Spiegel-) Bild, jedoch keine Karikatur.

»Du Falscher, suche nur den Herrn zu fällen« (56)

Das von drei Streichern begleitete Accompagnato des Soprans kommentiert die Falschheit des Herodes, indem es sie zunächst affirmativ steigert: »Nimm alle falsche List!« Dies erfolgt jedoch aus der Gewissheit heraus, dass Jesus »in sicher Hand« bleibt. Inhaltlich ist es ein Rückbezug auf die Trompetenarie des ersten Teils, denn dort wurde die »Kraft« des Gottessohnes in der Musik dargestellt. Die menschliche Unmöglichkeit, Gottes Kraft zu ermessen, stellt Bach als Ausgreifen in überaus weit entfernt liegende harmonische Regionen dar. Der Sekundakkord über *h* (Takt 5) ist in diesem Sinne geradezu vermessen – und taugt doch nicht, die Kraft des Höchsten zu »ermessen«. Der punktierte Rhythmus im Schlusstakt intensiviert nochmals das kämpferische Moment.

Aria: »Nur ein Wink von seinen Händen« (57)

Herodes will das Kind »stürzen«, doch in Wirklichkeit stürzt das Kind »ohnmächtger Menschen Macht«, also auch jene scheinbare des Königs Herodes. Das Soggetto beginnt mit einem Motiv, das die Geste einer wegwerfenden Handbewegung in Musik setzt. Auf dieses Bild folgt der Ausdruck des Lachens in Staccato-Vierteln, welche in ein synkopisches Gelächter münden, worauf die gesamten vier Anfangstakte im Piano wiederholt werden. In neuem Licht erscheint diese Motivik, wenn sie in Takt 27 mit einer schleudernden Zweiunddreißigstel-Geste verbunden wird, die dann (Takt 45) auf das Wort »Stolz« erklingt. Will Bach den

Stolz als hochmütige Selbsterhöhung charakterisieren, die »vor dem Fall« kommt? Die menschliche Ohnmacht schließlich erklingt zu dem schon beschriebenen synkopischen Motiv, das dadurch – ganz anders als die straffen und »souveränen« Synkopenketten der Arie »Großer Herr, o starker König« (Teil I,8: Takte 5–10 in der Trompete) – in eine taumelnde Bewegung gerät.

Eine Besonderheit dieses periodisch klar gegliederten Satzes ist die Dominanz des instrumentalen gegenüber dem vokalen Part. Drei Vokalteilen mit je 12 Takten stehen vier Ritornellabschnitte gegenüber, die den Satz rahmen sowie zwischen den Vokalteilen erklingen. Sie nehmen insgesamt 72 Takte in Anspruch und gliedern sich in einen ersten Abschnitt A, zwei Zwischenspiele BC und A' sowie ein Nachspiel ABC.

Rätsel gibt sodann die Tempobezeichnung »Largo e staccato« auf. Sie erscheint ausschließlich in den Stimmen der Frühfassung (BWV 248a), in der wir, wie gezeigt, eine Michaeliskantate, wohl aus dem Jahr 1734, vermuten. Für das Weihnachtsoratorium bedeutet diese Satzbezeichnung am ehesten eine Andeutung des Charakters der Musik: tänzerisch und dennoch schreitend.

Die Weisen an der Krippe

Evangelist: »Als sie nun den König gehöret hatten« (58)

Ein letztes Mal hören wir die biblische Formel »und siehe«; nun aber nicht abwärts gerichtet wie im zweiten Teil mit der Rufterz zur Ankündigung des Engels, sondern als Quintsprung aufwärts, in Richtung des Sternes. Wiederum betont Bach das Überraschende. War es im zweiten Teil der im Kontext von e-Moll unerwartete, chromatisch erhöhte Ton *cis*, so erfolgt jetzt eine plötzliche harmonische Wendung in die Variante. Auf cis-Moll (»zogen sie hin«) folgt der Sekundakkord, nun aber unvermittelt mit großer Terz.

Als gegenseitige Ergänzung erklingen die beiden Gesten der Weisen: ihr Niederfallen zur Anbetung und das Auftun der Schätze. Mit harmonischem Reichtum umgibt Bach die drei Gaben »Gold, Weihrauch und Myrrhen«: eine Exclamatio-Geste zum Wort »Gold«, einen hochalterierten Ton, vielleicht um das Aufsteigen des »Weihrauchs« anzuzeigen, und einen herben Septnonakkord vor »Myrrhen«.

Choral: »Ich steh an deiner Krippen hier« (59)

Auf die Gaben der Weisen antwortet das Lied in persönlicher Perspektive: »Ich steh an deiner Krippen hier«, wobei das »hier« die für Choräle insgesamt typische Aktualisierung noch eigens betont. Den drei Gaben entsprechen drei Verben in der zweiten Zeile: »ich komme, bring und schenke dir ...«, wobei zudem das lutherische »Sola gratia« in den Worten »... was du mir hast gegeben« zur Geltung kommt. Eine Reihung von Substantiven wird gerahmt von den Imperativen »nimm hin« und »nimm alles hin«, so dass die inhaltliche Füllung von »alles« den Mittelteil bildet: »Geist und Sinn, Herz, Seel und Mut«. In Bachs Dramaturgie kommt beides zur Geltung: das »Ich« in den Worten des Liedes sowie das »Wir« in seinem Klang als Choralstrophe.

Bach ergänzt die vokale Basslinie durch eine instrumentale, die in fast ständiger Achtelbewegung dahin fließt. Bewegung und Ruhe bilden eine Einheit. Die Eigenart dieses Liedes fasst Dietrich Bonhoeffer sehr eindringlich in einem Brief aus seiner Gefangenschaft zusammen: »Außerdem habe ich zum erstenmal in diesen Tagen das Lied ›Ich steh an Deiner Krippen hier ...‹ für mich entdeckt. Ich hatte mir bisher nicht viel daraus gemacht. Man muss wohl lange allein sein und es meditierend lesen, um es aufnehmen zu können. Es ist in jedem Worte ganz außerordentlich gefüllt und schön. Ein klein wenig mönchisch-mystisch ist es, aber doch gerade nur so viel, wie es berechtigt ist; es gibt eben neben dem Wir doch auch ein Ich und Christus und was das bedeutet, kann gar nicht besser gesagt werden als in diesem Lied.«[5] So beschreibt Dietrich Bonhoeffer den von Bach hier eingefügten Choral. Und könnte es nicht sein, dass Bach selbst einen ähnlich »subjektiven« Eindruck von diesem Paul Gerhardt-Lied hatte? Im Weihnachtsoratorium erklingt dies etwas gemildert durch die vierstimmige Vertonung, im Schemelli-Gesangbuch hingegen bringt Bach gerade den individuellen Ton zur Geltung: mit einer neuen, generalbassbegleiteten Melodie als »Aria« im Sinne des persönlichen Andachtsliedes.

Bedrohung und Schutz

Evangelist: »Und Gott befahl ihnen im Traum« (60)

Bild und Affekt vereinen sich im letzten Bibelwort-Rezitativ des gesamten Werkes. Für den Affekt steht die harmonisch fremd-dissonierende Sphäre des »Traumes«, das Bild des »andern Wegs« fasst Bach in eine unerwartete Fortschreitung nach fis-Moll. Ein Attacca-Übergang unterstreicht die Verbindung zwischen »damals« und »heute«.

Accompagnato: »So geht!« (61)

Gehen und Bleiben ist das Thema. Die Weisen können getrost »wieder in ihr Land« gehen, wenn nur Jesus bleibt und ich ihn »nicht lasse« (vgl. Gen 32,26: »Ich lasse dich nicht, du segnest mich denn«). Zwei Oboen d'amore begleiten das Rezitativ des Tenors und spielen mit empfindsamer Melodik in den Zeilenschlüssen, ähnlich wie in den Accompagnati der ersten Oratoriumsteile. Der originale Skopus könnte das Beschützen durch die Flügel des Engels gewesen sein, musikalisch abgebildet in den gleichsam »zudeckenden« Figuren der beiden Oboen d'amore an den Zeilenschlüssen. Zum Wort »umfassen« gewinnt diese Musik eine etwas andere Nuance, denn nun umgreift sie sozusagen die Zeilen und verbindet sie. Ein dramatisches Moment bietet der Schluss mit der Vorschrift »adagio«, nachdem zuvor schon weitere Gegensätze erklungen sind: allegro–adagio sowie forte–piano (T. 4f. und öfter). All diese Gegensätze musikalisieren wohl das Hin-und-Hergerissensein zwischen Bedrohung und Schutz.

Tenor-Arie: »Nun mögt ihr stolzen Feinde schrecken« (62)

»Will mich der böse Drache schrecken, Was kann er mir für Furcht erwecken?«, mit solchen oder ähnlichen Worten könnte das Urbild dieses Vivace-Satzes begonnen haben. Starke dynamische Kontraste prägen die Musik und opernhaft-dramatische Fermaten zu den Worten »bei mir«, was das dauerhafte Bleiben betont.

Ebenso wie im ersten Satzpaar dieses Teils (56, 57) sind auch hier Accompagnato und Arie direkt aufeinander bezogen. Das Accompagnato betonte die Freundlichkeit der Nähe des »Bräutigams«, die Arie nun wieder – nach der Überleitung am Schluss des Accompagnato zum Thema

»Hilfe« – die kämpferischen Töne. Die gesamte Motivik signalisiert Beharrlichkeit und Festigkeit, nicht zuletzt durch trotzige Wiederholungen. Bach spielt mit den Regeln und der Freiheit, sie zu übertreten. Durch Fermaten jeweils am Ende eines Vokalabschnitts (Takt 136 und 158) sowie zweimal zwei Adagio-Takte (103f. und 158f.) setzt Bach die Geltung des Tempos immer wieder außer Kraft, um sie dann umso vehementer wieder einzufordern.

Im Unterschied zur ersten Arie dieses Teils erklingt diese zweite nun mit vokaler Dominanz des Tenors. Im ersten Abschnitt stehen den einleitenden 16 Ritornelltakten zweimal 16 Takte mit Vokalstimme gegenüber. Der Mittelteil beginnt wiederum mit einer sechzehntaktigen instrumentalen Einleitung, worauf der Solist mit 16 Takten antwortet, die aber kein neues motivisches Material ausbreiten, sondern durchweg als variierte Substanz des A-Teils zu verstehen sind. Erst nach acht Takten Zwischenspiel kommt neue vokale Motivik ins Spiel: zum einen »zu früh« durch das verkürzte Zwischenspiel, zum anderen überaus kämpferisch.

Am Ende dieses Abschnitts steht dann die erste Adagio-Passage. Nachdem alle Möglichkeiten der Steigerung im Sinne des Höher, Länger, Virtuoser und Schneller ausgereizt sind, wirkt diese als ganz besonderer Höhepunkt. Der Schlussteil entspricht dann dem Anfangsteil, wobei der letzte Vokalabschnitt sich zur Länge von 24 Takten (16 + 8) steigert – gewissermaßen als vokaler Ausgleich der acht entfallenen Instrumentaltakte im Mittelteil – und am Ende beide Besonderheiten »summiert«, die wir kennen gelernt haben: Fermate und Adagio (Takt 158f.) folgen auf eine ganze Serie mit Oktavsprüngen (T. 148ff.), deren Impetus sich nach zwei Takten mit Zweierbindungen (T. 153ff.) in einer Seufzerfigur mit anschließender Exclamatio und Fermate löst.

Rezitativ-Quartett: »Was will der Höllen Schrecken nun?« (63)

Wie in einem Opernfinale fasst Bach die vier Vokalsolisten am Ende als Quartett zusammen. Einen ähnlichen Schlussgesang hatte er bereits in der Matthäuspassion komponiert. Im Weihnachtsoratorium stimmt nun ein Secco-Rezitativ auf den Schlusschor ein. Wieder geschieht dies mit einer Neuerung, die zuvor im Werk noch nie zu hören war. Die Vokalsolisten, die in ihren Accompagnati zur orchestralen Begleitung gesungen haben, singen nun in der Art des Evangelisten. Aus der Einstimmigkeit baut Bach einen ganz besonderen Vokalsatz auf, weil der jeweils überlang

ausgehaltene letzte Ton des Motivs zur harmonischen Begleitung der sukzessiv einsetzenden Stimmen wird. So baut sich eine polyphone Struktur auf, die sich in den Schlusstakten dann zu einer homophonen beruhigt.

Vom Text her handelt es sich um eine einzige Frage. Musikalisch jedoch gestaltet Bach die Worte zunächst im fragenden Nacheinander von Sopran, Tenor, Alt und Bass, worauf Tenor und Alt ein zweites Mal mit dem Thema einsetzen. Die letzten drei Takte bringen die Worte »da wir in Jesu Händen ruhn« dann als homophone Antwort, indem alle vier Stimmen in diesen Text einstimmen, den zuvor der Alt bereits gesungen hatte. Der homophone Schluss überhöht die Polyphonie bestätigend. Harmonisch entsteht eine Kette von Septakkorden durch die jeweils tiefalterierte Septime.

Der Schlusschoral: »Nun seid ihr wohl gerochen« (64)

Der Schlusschoral bezieht sich rahmend – im Blick auf die Besetzung – nicht nur auf den Eingangschor des sechsten Teils, sondern auch auf den Eingangschoral des ersten Teils und zudem auf den ersten vierstimmigen Choralsatz »Wie soll ich dich empfangen«. In der Rahmung des Gesamtwerkes ist er das Pendant zum großen Eingangschor des ersten Teils, und wiederum erschallt zu Beginn die Trompete, flankiert von den Pauken.

Erklang die Erwartung »Wie soll ich dich empfangen?« als sehnsüchtig-innerlicher Choralsatz mit vokaler Dominanz und ausgesuchter Harmonik nebst seufzender Melodik (vor allem in der Altstimme), so ist jetzt die Erfüllung betont instrumental geprägt, quasi als Trompetenkonzert mit eingebautem Choral, dessen modale Melodik nach D-Dur gewendet wird. Bach nutzt die Chancen der Modalität also in der ersten Fassung, die der Tonalität in der zweiten. Damit wird sogar der musikgeschichtliche Gang von modal zu tonal zu einer Vokabel für den Sinngehalt Erwartung–Erfüllung.

Die Botschaft dieses Satzes erklingt als instrumentaler Siegeshymnus. Dem Choral obliegt es, sie verbal zu kommentieren, als letzte Spielart des unerschöpflichen Spannungsfeldes vokal–instrumental, das in Bachs geistlicher Musik immer neu ausgelotet wird. Bach wählt auf der beabsichtigten Basis eines instrumentalen Übergewichts die nahe liegende klangliche Disposition der abwechselnden instrumentalen und vokalen Dominanz. So ergeben sich »Atempausen« für die hochvirtuos beanspruchte erste Trompete. Doch bei zwei Choralzeilen macht Bach wiederum eine Ausnahme. »Tod, Teufel, Sünd und Hölle – sind ganz und gar geschwächt«. Hier meldet sich ein letztes Mal das kämpferische Gegeneinander, wenn die erste Trompete ausgerechnet zum Stichwort »Hölle« unvermutet und jubilierend einsetzt, und zwar mit fanfarenhaft-sequenzierter Melodik, die in der Repetition des letzten Choraltones »(ge-)schwächt« ausklingt. Formal verbindet diese Passage zugleich die beiden zusammengehörigen Liedzeilen, zu denen sie ertönt.

*

Was macht die musikalisch-spirituelle Qualität von Bachs Weihnachtsoratorium letztlich aus? Antworten auf diese Frage entziehen sich weitgehend der Objektivierbarkeit und sind doch keineswegs beliebig. Wenige und durchaus persönliche Eindrücke seien deshalb genannt. Bachs Werk ist ein Werk der Integration, weil es spannungsvolle Gegensätze in ein Spiel miteinander bringt. Als Erstes sei die Darstellung der Weihnachtsbotschaft mit ihrer vielfarbigen Deutung genannt. Ergänzt wird das innerhalb der Betrachtung durch die Abwechslung von »Ich« (Arien, Accompagnati) und »Wir« (Choräle). Zudem sucht und findet Bach die Balance zwischen »introvertierter« Meditation und »extrovertiertem« Jubel, weil beides zum Weihnachtsfest gehört.

Zu nennen sind auch die Spannungsfelder musikalische Qualität und sprachmächtige Predigt sowie zwei Polaritäten, die wir in der Einleitung bereits angedeutet hatten: die biblische und die musikalische Inspiration, die sich bereits innerhalb der Texte ergänzen, und die Darstellung des Glaubens in Wort und Antwort, die sowohl dessen Inhalte als auch seine innere Dynamik als prozesshaftes Geschehen musikalisch zur Geltung bringt.

Letztlich aber ist es die Unerschöpflichkeit, die Bachs Werke auszeichnet und ihre Rezeption bis heute immer neu entfacht. So gilt auch für das Weihnachtsoratorium eine Beobachtung aus dem eingangs bereits zitierten Brief Carl Friedrich Zelters an Goethe, die Zelter auf Bachs Orgelwerke bezieht. Sie hören zwar auf, »aber sie sind nicht aus«, denn »bei ihm ist kein Ende«.[6]

Anmerkungen

Einleitung

1 Briefwechsel zwischen Goethe und Zelter, hrsg. von Max Hecker, Bd. 2, Frankfurt a. M.: Insel, 1987 (TB-Ausgabe), S. 581.

2 Anton Vögtle: Was Weihnachten bedeutet. Meditation zu Lukas 2,1–20, Freiburg i. Br.: Herder, ³1978, Vorwort.

3 Vgl. Martin Petzoldt: Bach-Kommentar. Theologisch-musikwissenschaftliche Kommentierung der geistlichen Vokalwerke Johann Sebastian Bachs, Bd. 1, Kassel u. a.: Bärenreiter 2004 (= Schriftenreihe der Internationalen Bachakademie Stuttgart, hrsg. von Norbert Bolin, Bd. 14,1), S. 15f.

4 Walter Blankenburg: Das Weihnachts-Oratorium von Johann Sebastian Bach, Kassel u. a.: Bärenreiter, 1982, S. 102.

5 Vgl. Martin Petzoldt (Hrsg.): Texthefte zur Kirchenmusik aus Bachs Leipziger Zeit. Die sieben erhaltenen Drucke der Jahre 1724–1749 in faksimilierter Wiedergabe, Stuttgart: Carus, 2000.

6 Ebd., S. 15.

7 Vgl. Bachs Eingabe an den Rat der Stadt Leipzig vom 23. August 1730 unter der Überschrift »Kurtzer, iedoch höchstnöthiger Entwurff einer wohlbestallten Kirchen Music ...«, in: Schriftstücke von der Hand Johann Sebastian Bachs. Vorgelegt und erläutert von Werner Neumann und Hans-Joachim Schulze, Kassel u. a.: Bärenreiter, 1963 (= Bach-Dokumente, Bd. I), Nr. 22.

8 Vgl. auch Erich Reimer: Art. Oratorium, in: Handwörterbuch der musikalischen Terminologie, hrsg. von Hans Heinrich Eggebrecht, Freiburg i. Br. 1972.

9 Hunold, Christian Friedrich (Menantes): Die Allerneueste Art, zur reinen und galanten Poesie zu gelangen, Hamburg 1707, S. 257.

10 Henrici, Christian Friedrich: Picanders Ernst-Scherzhaffte und Satyrische Gedichte. Vierter und letzter Theil, Leipzig 1737, S. 22–26.

11 Renate Steiger: Gnadengegenwart. Johann Sebastian Bach im Kontext lutherischer Orthodoxie und Frömmigkeit, Stuttgart-Bad Cannstatt: frommann-holzboog, 2002 (= Doctrina et Pietas, Bd. II,2), S. 262.

12 Ludwig Finscher: Zum Parodieproblem bei Bach, in: Martin Geck (Hrsg.): Bach-Interpretationen, Göttingen: Vandenhoeck & Ruprecht, 1969, S. 94.

13 Vgl. Konrad Küster: Weihnachtsoratorium BWV 248, in: ders. (Hrsg.): Bach-Handbuch. Kassel u. a. / Stuttgart: Bärenreiter/Metzler, 1990, S. 457.

14 Vgl. Martin Petzoldt: Texthefte zur Kirchenmusik aus Bachs Leipziger Zeit, S. 6.

15 Walther, Johann Gottfried: Musicalisches Lexikon oder Musicalische Bibliothek. Leipzig 1732, S. 451 (Artikel »Oratorium«). Studienausgabe mit Neusatz des Textes und der Noten, hrsg. von Friederike Ramm, Kassel u. a.: Bärenreiter, 2001.

16 Hans-Joachim Schulze: Texte und Textdichter, in: Christoph Wolff (Hrsg.): Die Welt der Bach-Kantaten. Bd. III: Johann Sebastian Bachs Leipziger Kantatenschaffen, Stuttgart / Kassel u. a.: Metzler/Bärenreiter, 1999, S. 109.

17 Martin Luther: Werke. Kritische Gesamtausgabe (= Weimarer Ausgabe), Weimar: Hermann Böhlau, 1883ff. (ND 1964ff.), Bd. 7, S. 97.

18 Martin Luther: Weimarer Ausgabe, Bd. 17 II, S. 120.

19 Martin Luther: Tischreden, hrsg. von Johannes Aurifaber, Eisleben 1566 (Faksimile Leipzig 1981), Kap. LXIX, Bl. 577v. Siehe auch meinen Beitrag »Erschallet, ihr Lieder, erklinget, ihr Saiten!« (BWV 172). Eine Pfingstkantate Johann Sebastian

Bachs in der lutherischen Musiktradition, in: Renate Steiger (Hrsg.): Von Luther zu Bach, Sinzig: Studio Verlag, 1999, S. 43ff.

20 Dorothee Sölle: Weihnachtsoratorium, in: dies.: Loben ohne Lügen. Gedichte, Kleinmachnow: Wolfgang Fietkau, 2000, S. 24.

21 Vgl. die bibliographischen Angaben im Literaturverzeichnis.

22 Vgl. den Kritischen Bericht von Walter Blankenburg und Alfred Dürr zur Neuen Bach-Ausgabe (NBA, Serie II, Bd. 6), S. 11.

23 Vgl. den Kritischen Bericht zur Ausgabe von Klaus Hofmann im Carus Verlag, S. 295.

24 Vgl. ebd. S. 192ff.

Teil I

1 Angelus Silesius: Cherubinischer Wandersmann (Buch I, Nr. 61). Zit. nach der Ausgabe von Louise Gnädinger, Zürich: Manesse, 1986, S. 46.

2 Günter Jena: Brich an, o schönes Morgenlicht. Das Weihnachtsoratorium von Johann Sebastian Bach. Erfahrungen und Gedanken eines Dirigenten, Eschbach/Markgräflerland: Verlag am Eschbach, 1997, S. 29.

3 Helmuth Rilling: Johann Sebastian Bach. Weihnachtsoratorium. Gesprächskonzerte zu den Teilen I–III, Gächinger Kantorei und Bach-Collegium Stuttgart, Hänssler Classic (Box mit 4 CDs), erschienen 1984.

4 Vgl. Lucia Haselböck: Bach-Textlexikon. Ein Wörterbuch der religiösen Sprachbilder im Vokalwerk von Johann Sebastian Bach, Kassel u.a.: Bärenreiter, 2004: Art. »Zion«, S. 200.

5 Zu den Passionsmusiken vgl. Meinrad Walter: Antijudaismus in der geistlichen Musik. Am Beispiel der Passionskompositionen von J. S. Bach, in: Hubert Frankemölle (Hrsg.): Christen und Juden gemeinsam ins dritte Jahrtausend, Paderborn: Bonifatius, 2001, S. 131–150.

6 Finscher, Ludwig: Zum Parodieproblem bei Bach, in: Martin Geck (Hrsg.): Bach-Interpretationen, Göttingen: Vandenhoeck & Ruprecht 1969, S. 94–105.

7 Alfred Dürr: Johann Sebastian Bach. Weihnachts-Oratorium BWV 248. München: Fink Verlag 1967 (= Meisterwerke der Musik, Heft 8), S. 29.

8 Vgl. Elmar Seidel: Hans Leo Hasslers »Mein gmuth ist mir verwirret« und Paul Gerhardts »O Haupt voll Blut und Wunden« in Bachs Werk, in: Archiv für Musikwissenschaft 58 (2001), S. 61–89.

9 Martin Petzoldt: Bach-Kommentar. Theologisch-musikwissenschaftliche Kommentierung der geistlichen Vokalwerke Johann Sebastian Bachs. Bd. II: Die geistlichen Kantaten vom 1. Advent bis zum Trinitatisfest, Stuttgart und Kassel u.a.: Internationale Bachakademie Stuttgart und Bärenreiter-Verlag, 2007 (Schriftenreihe der Internationalen Bachakademie Stuttgart, hrsg. von Norbert Bolín, Bd. 14,2), S. 127–129.

10 Klaus Hofmann: »Großer Herr, o starker König«. Ein Fanfarenthema bei Johann Sebastian Bach, in: BJ 81 (1995), S. 31–46. Vgl. auch den Beitrag von Malcolm Boyd: Bach, Telemann und das Fanfarenthema, in: BJ 82 (1996), S. 147 bis 150, sowie die Antwort von Klaus Hofmann: Nochmals: Bachs Fanfarenthema, in: BJ 83 (1997), S. 176–179.

11 Ernst Bloch: Zur Philosophie der Musik. Ausgewählt und hrsg. von Karola Bloch, Frankfurt a.M.: Suhrkamp, 1974, S. 28.

12 Martin Luther: Predigt vom 25. Dezember 1540. Zit. nach Erwin Mülhaupt (Hrsg.): Martin Luthers Evangelien-Auslegung, Bd. I: Die Weihnachts- und Vorgeschichten bei Matthäus und Lukas, Göttingen: Vandenhoeck & Ruprecht ³1957, S. 203.

Teil II

1 Hans Heinrich Eggebrecht: Musik im Abendland. Prozesse und Stationen vom Mittelalter bis zur Gegenwart, München: Piper, 1991, S. 400.

2 Hans Michael Beuerle: Wider das Angleichen. Anmerkungen zum Verhältnis von Aufführungspraxis und Interpretation, in: Ute Schalz-Laurenze (Hrsg.): Spuren suchen, Spuren legen. FS für Nicolas Schalz, Bremen: Hauschild Verlag, 2006, S. 251–288, das Zitat S. 256.

3 Vgl. Walter Blankenburg: Das Weihnachts-Oratorium, S. 64.

4 Johann Olearius, zit. nach Martin Petzoldt: Bach-Kommentar, Bd. II, S. 187.

5 Ebd., S. 188.

6 Zum weiteren Kontext vgl. Michael Fischer und Diana Rothaug (Hrsg.): Das Motiv des Guten Hirten in Theologie, Literatur und Musik (Mainzer hymnologische Studien, Bd. 5), Tübingen und Basel: Francke, 2002.

7 Günter Jena: Brich an, o schönes Morgenlicht, S. 92.

8 Helmuth Rilling: Johann Sebastian Bach. Weihnachtsoratorium. Gesprächskonzerte zu den Teilen I–III (siehe zu Teil I Anm. 3).

9 Joachim Kaiser: Erlebte Musik. Von Bach bis Strawinsky, Hamburg: Hoffmann und Campe, 1977, S. 27.

10 Wilhelm Dilthey: Von deutscher Dichtung und Musik. Aus den Studien zur Geschichte des deutschen Geistes, Stuttgart und Göttingen: B. G. Teubner Verlagsgesellschaft und Vandenhoeck & Ruprecht, S. 237. Dass Dilthey vom »dritten Teil« schreibt, könnte auf eine Aufführung hindeuten, in der Albert Schweitzers Ratschlag zur Versetzung dieser Arie in den dritten Teil beherzigt wurde.

11 Alfred Dürr: Johann Sebastian Bach. Weihnachts-Oratorium BWV 248, München: Wilhelm Fink, 1967 (= Meisterwerke der Musik, Heft 8), S. 20–22.

12 Günter Jena: Brich an, o schönes Morgenlicht, S. 105.

13 Albert Schweitzer: J. S. Bach (1908). Vorrede von Charles Marie Widor. Wiesbaden: Breitkopf & Härtel, zit. nach der Ausgabe von 1976, S. 637f.

14 Philipp Spitta: Johann Sebastian Bach, Bd. II (1880), Leipzig: Breitkopf & Härtel, zit. nach der 8. Auflage 1979, S. 411.

15 Albert Schweitzer: J. S. Bach, S. 637f.

16 Renate Steiger: »Die Welt ist euch ein Himmelreich«. Zu J. S. Bachs Deutung des Pastoralen, in: Musik und Kirche 41 (1971), S. 2.

17 Martin Geck: »Denn alles findet bei Bach statt«. Erforschtes und Erfahrenes. Stuttgart/Weimar: J. B. Metzler, 2000, S. 63f.

18 Helmuth Rilling: Gesprächskonzerte zu den Teilen I–III (siehe zu Teil I Anm. 3).

19 Martin Geck: Johann Sebastian Bach. Johannespasion BWV 245. München: Wilhelm Fink Verlag (= Meisterwerke der Musik, Heft 55), 1991, S. 52.

Teil III

1 Albert Schweitzer: J. S. Bach, S. 638f.

2 Alfred Dürr: Die Kantaten von Johann Sebastian Bach, S. 908.

3 Friedrich Smend: Johann Sebastian Bach. Kirchen-Kantaten, Heft 5, Berlin: Christlicher Zeitschriftenverlag, o. J., S. 36.

4 Helmuth Rilling: Johann Sebastian Bach. Weihnachtsoratorium. Gesprächskonzerte zu den Teilen I–III (siehe zu Teil I Anm. 3).

5 So die einprägsame Definition des Mythos bei dem antiken Philosophen Sallust.

6 So in einer Predigt des Nürnberger Theologen Johann Saubert (1629), hier zit. nach Ernst Koch: Die Stimme des Heiligen Geistes. Theologische Hintergründe der solistischen Altpartien in der Kirchenmusik Johann Sebastian Bachs, in: BJ 81 (1995), S. 62.

7 J. S. Bach and Scripture. Glosses from the Calov Bible Commentary. Introduction, Annotations, and Editing by Robin A. Leaver, St. Louis: Concordia Publishing House, 1985, S. 96 (Faksimile-Abdruck). Bach kommentiert mit dieser Randbemerkung die Bibelstelle 1 Chronik 28,21 über »die Ordnungen der Priester und Leviten zu allen Ämtern im Hause Gottes«.

Teil IV

1 Renate Steiger: Gnadengegenwart, S. 179.

2 Luthers geistliche Lieder und Kirchengesänge. Vollständige Neuedition in Ergänzung zu Band 35 der Weimarer Ausgabe [WA], bearbeitet von Markus Jenny, Archiv zur Weimarer Ausgabe der Werke Martin Luthers, Bd. 4, Nr. 31, Köln: Böhlau Verlag, 1985.

3 Martin Luther: Weihnachtspredigt vom 24.12.1528, zit. nach Erwin Mülhaupt: Martin Luthers Evangelien-Auslegung, Bd. I, S. 17.

4 Thomas Mann: Doktor Faustus. Das Leben des deutschen Tonsetzers Adrian Leverkühn, erzählt von einem Freunde. Roman (1947), Frankfurt a. M.: S. Fischer, o. J., S. 643 (Kapitel XLVI).

5 Werner Braun: Bachs Echo-Arie, in: Renate Steiger (Hg.): Die Quellen Johann Sebastian Bachs. Bachs Musik im Gottesdienst, Heidelberg: Manutius, 1998, S. 124.

6 Zit. nach Hermann Kurzke (Hrsg.): Geistliches Wunderhorn. Große deutsche Kirchenlieder, München: C. H. Beck, 2001, S. 319.

7 Renate Steiger: Gnadengegenwart, S. 177f.

8 Renate Steiger: Gnadengegenwart, S. 180; hier auch der Nachweis der Zitate von Martin Moller und Johann Arndt.

9 Werner Braun: Bachs Echoarie, S. 128.

10 Philipp Spitta: Bach II, S. 417.

11 Thomas Mann: Doktor Faustus, S. 643.

12 Walter Blankenburg: Das Weihnachts-Oratorium, S. 104.

13 Georg Picht: Kunst und Mythos. Mit einer Einführung von Carl Friedrich von Weizsäcker, Stuttgart: Klett-Cotta, ⁵1996 (= Vorlesungen und Schriften, Studienausgabe), S. 464.

14 Günter Jena: Brich an, o schönes Morgenlicht, S. 169.

15 Walter Blankenburg: Das Weihnachts-Oratorium, S. 106.

16 Hans-Joachim Schulze: Bachs Parodieverfahren, S. 180.

17 Hans-Joachim Schulze, ebd.

Teil V

1 Vgl. Ulrich Luz: Das Evangelium nach Matthäus (1–7). Evangelisch-Katholischer Kommentar zum Neuen Testament (EKK I/1), Zürich und Neukirchen-Vluyn: Benziger und Neukirchener, ⁴1997, S. 111ff., insbes. S. 121.

2 Ebd., S. 123. Zur Musik vgl. Günther Massenkeil: Die Heiligen Drei Könige in der Musikgeschichte, in: Peter Ackermann, Ulrike Kienzle und Adolf Nowak (Hrsg.): Frankfurter Beiträge zur Musikwissenschaft, Bd. 24 (= FS Winfried Kirsch), Tutzing: Hans Schneider, 1996.

3 Vgl. Konrad Küster: Bach-Handbuch, S. 482.

4 Martin Geck: »Denn alles findet bei Bach statt«. Erforschtes und Erfahrenes, Stuttgart und Weimar: J. B. Metzler, 2000, S. VI.

5 Vgl. Ernst Koch: Die Stimme des Heiligen Geistes. Theologische Hintergründe der solistischen Altpartien in der Kirchenmusik Johann Sebastian Bachs, in: BJ 81 (1995), S. 61–81.

6 Zit. nach der Faksimile-Ausgabe: J. S. Bach and Scripture. Glosses from the Calov Bible Commentary. Introduction, Annotations, and Editing by Robin A. Leaver, St. Louis: Concordia Publishing House, 1985, S. 157.

Teil VI

1 Vgl. Erich Zenger: Psalmen. Auslegungen. Bd. 4: Ein Gott der Rache? Feindpsalmen verstehen, Freiburg i. Br.: Herder, 2003, S. 152.

2 Andreas Glöckner: Eine Michaeliskantate als Parodievorlage für den sechsten Teil des Bachschen Weihnachts-Oratoriums?, in: BJ (2000), S. 316–326.

3 Andreas Glöckner schlägt in seinem bereits zitierten Aufsatz (S. 325) eine andere Strophe vor, nämlich die vierte des Chorals »Gott, dir sei Dank gegeben« mit dem Textbeginn »Du, Herr, wollst mich behüten, / Durch deinen starken Arm / Für meiner Feinde Wüten, / Für böser Geister Schwarm ...«. – Am Rand sei noch vermerkt, dass es auch eine passende Strophe für diejenigen gibt, die sich mit den barocken Texten gar nicht anfreunden können. Gut zu unterlegen ist die Schlussstrophe »Gott will im Dunkel wohnen / und hat es doch erhellt« aus dem Lied »Die Nacht ist vorgedrungen« von Jochen Klepper (freundlicher Hinweis von Leo Langer, Karlsruhe).

4 Andreas Glöckner, Eine Michaeliskantate als Parodievorlage für den sechsten Teil des Bachschen Weihnachts-Oratoriums?, S. 321.

5 Eberhard Bethge (Hrsg.): Dietrich Bonhoeffer: Widerstand und Ergebung. Briefe und Aufzeichnungen aus der Haft, Gütersloh: Christian Kaiser Verlag und Gütersloher Verlagshaus, 1998 (= Werke, Bd. 8), S. 246.

6 Briefwechsel zwischen Goethe und Zelter, Bd. 2, S. 580.

Glossar

Siehe auch das einleitende Kapitel: Dort werden viele der im Folgenden erläuterten Begriffe im Zusammenhang erklärt.

Accompagnato (begleitet); von zusätzlichen Instrumenten begleitetes Rezitativ, im Unterschied zu dem nur von Generalbassinstrumenten (z. B. Violoncello und Orgel) begleiteten »Secco«-Rezitativ.

Actus musicus (musikalische Vorstellung); Bezeichnung für eine Frühform des Oratoriums, vergleichbar der »Historia«. J. S. Bach kannte vermutlich den »Actus musicus auf Weihnachten« von Johann Schelle.

Anabasis (Aufwärtsbewegung); in der musikalisch-rhetorischen Figurenlehre eine abbildende Figur zur »Übersetzung« einer aufwärts gerichteten Bewegung oder Thematik (z. B. »Sehet, wir gehn hinauf gen Jerusalem«) in die Musik.

Applicatio (Anwendung); Auslegung der Bibel, die nach der Lesung (»Narratio«) und Erläuterung (»Explicatio«) auf die persönliche Aneignung im Glauben zielt. Im geistlichen Vokalwerk Bachs hören wir die Applicatio vorwiegend in den Arien und Chorälen.

Ars moriendi (Sterbekunst); das Verständnis des gesamten irdischen Daseins (»Lebenskunst«) als Einübung in das Sterben, orientiert am biblischen Vorbild des greisen Simeon (Lukas 2) und getragen von der biblischen Hoffnung auf Auferstehung, mit der die Todesfurcht überwunden werden soll.

Basso continuo (kontinuierliche Bassstimme); im Zeitalter des Generalbasses (Basso continuo) das Fundament eines musikalischen Satzes, das von einem oder mehreren Bassinstrumenten (Violoncello, Kontrabass, Fagott) sowie Akkordinstrumenten (Cembalo, Orgel) gespielt wird. Notiert wird der B. c. als Grundstimme mit einer zusätzlichen speziellen Bezifferung, welche dem Tastenspieler die zu spielenden Harmonien angibt.

Concertisten (die konzertant, d. h. solistisch Spielenden); in J. S. Bachs Sprachgebrauch die vokalen und instrumentalen Solisten bzw. Stimmführer seiner Ensembles.

Conclusio (Schlussfolgerung); abschließende Zusammenfassung einer

Rede oder Klangrede, die formal dem Beginn (»Exordium«) entspricht. In den meisten Kantaten Bachs übernimmt der Schlusschoral die Funktion der Conclusio.

Exclamatio (Ausruf); im Rahmen der musikalisch-rhetorischen Figurenlehre eine emphatisch-affekthaltige Figur zur Unterstreichung eines wichtigen Wortes, häufig mittels Sext- oder Oktavsprung aufwärts.

Exordium (Anfang); die bisweilen effektvolle oder überschriftartige Einleitung der Rede (auch Predigt) bzw. Klangrede, die formal der abschließenden Zusammenfassung (»Conclusio«) entspricht. In Bachs geistlichen Vokalwerken übernimmt häufig ein groß besetzter Eingangschor die Aufgabe des Exordiums.

Explicatio (Erläuterung); die Auslegung der Bibel als Zwischenschritt zwischen der Lesung (»narratio«) und der persönlichen Aneignung (»applicatio«). Im Weihnachtsoratorium hören wir die bibeltheologische Explicatio häufig in den Accompagnati.

Gradatio (Steigerung); eine Figur (auch »Climax« genannt) in der Rhetorik sowie in der musikalisch-rhetorischen Figurenlehre, häufig als Fortschreitung in Sequenzen.

Historia (Geschichte); größerer Abschnitt der Bibel, z. B. die Weihnachtsgeschichte; zugleich eine Frühform des Oratoriums, etwa im Sinne der vertonten »Weihnachtshistorie« (Heinrich Schütz).

Katabasis (Abwärtsbewegung); in der musikalisch-rhetorischen Figurenlehre eine abbildende Figur zur »Übersetzung« einer abwärts gerichteten Bewegung oder Thematik (z. B. »und ist Mensch geworden«) in die Musik.

Konkordanz(-methode) (Übereinstimmung); alphabetische Liste der in einem Buch, z. B. der Bibel (Bibelkonkordanz), verwendeten Worte mitsamt den Fundstellen. Als »Konkordanzmethode« bezeichnet man die für Bachs geistliches Vokalwerk wichtige werkimmanente Bibelauslegung, nach der sich die Bibelstellen zu einem Stichwort gegenseitig auslegen. Dieser Methode folgen die stichwortartigen Anschlüsse zwischen Evangelium, Arien und Liedstrophen.

Libretto (Büchlein); Textvorlage zu einem größeren weltlichen (Oper) oder geistlichen Vokalwerk (Passion, Kantate, Oratorium).

Licentia (Erlaubnis); in der Rhetorik und musikalischen Klangrede der ausnahmsweise Verstoß gegen eine traditionsbedingte oder selbst aufgestellte Regel.

Musica coelestis (Himmelsmusik); in der mittelalterlichen und barocken Musiktheorie die vollkommene Musik der Engel. Die irdische Musik ist bereits ein Vorgeschmack der himmlischen.

Neapolitanischer Sextakkord in der Barockmusik der meist als Überraschungseffekt eingesetzte Sextakkord auf der zweiten Stufe, wobei der Grundton (und in Dur die Sext) um einen Halbton erniedrigt sind; in C-Dur oder c-Moll also *f–as–des* (statt *f–a–d*).

Ordinarium (Missae) (Gewöhnliches); die in der Liturgie der Messe stets gleich bleibenden Teile wie Kyrie und Gloria, im Unterschied zum »Proprium« der je nach Sonn- und Festtag wechselnden Teile. Bachs Beitrag zum Ordinarium sind vor allem seine Kyrie-Gloria-Messen und die h-Moll-Messe.

Parodie(-verfahren) (Gegengesang); das für Bach typische und im Weihnachtsoratorium besonders häufig angewendete Verfahren der Vokalkomposition, bei dem einer bereits existierenden, häufig weltlichen Musik (»Vorlage«) ein neuer, nun geistlicher Text unterlegt wird (»Parodie«), was in der Regel mit zahlreichen musikalischen Änderungen verknüpft ist.

Perikope (Ausschnitt); Abschnitt der Bibel, der im Gottesdienst als Lesung oder Evangelium vorgetragen wird. Bei den meisten Teilen des Weihnachtsoratoriums entspricht die biblische Textgrundlage nicht der Evangelienperikope des jeweiligen Sonn- bzw. Festtags.

Phrygisch Kirchentonart, bei der die Halbtonschritte zwischen dem ersten und zweiten sowie zwischen dem fünften und sechsten Tonleiterton liegen. Den offenen »phrygischen Schluss« verwendet Bach im Weihnachtsoratorium beim Choral »Wie soll ich dich empfangen«.

Proprium (de tempore) (Eigenes); die im Gottesdienst gemäß dem Rhythmus des Kirchenjahres wechselnden Teile, im Unterschied zu den gleich bleibenden Teilen des »Ordinarium (Missae)« wie etwa Kyrie und Gloria. Bachs Kantaten und Passionen sowie das Weihnachtsoratorium sind Propriumsmusik.

Ripienisten (Spieler der Füllstimmen); in J. S. Bachs Sprachgebrauch die Spieler ohne solistische Aufgaben, dem heutigen »tutti« entsprechend.

Secco (trocken); nur von den Generalbassinstrumenten gestütztes Rezitativ (im Unterschied zum »Accompagnato«).

Sensus (Sinn); in der Rhetorik und Predigtlehre die Bedeutung eines Einzelwortes, auch unabhängig vom gesamten Kontext (»Skopus« als Sinn des größeren Ganzen), in dem das Wort z. B. negiert sein kann.

Skopus (Ziel); in der Rhetorik und Predigtlehre der Gesamtsinn einer Rede, im Unterschied zum »Sensus« der einzelnen Worte. Sensus und Skopus unterscheiden sich insbesondere bei der Verneinung.

Soggetto (Subjekt, Thema); musikalisches Thema etwa einer Arie.

Sola gratia (allein durch die Gnade); der in Bachs geistlichem Vokalwerk häufig anzutreffende reformatorische Grundsatz Martin Luthers, dass der Mensch allein durch die Gnade Gottes gerechtfertigt wird und nicht durch eigene Werke; zum Prinzip »Sola gratia« kommen drei weitere: »Solus Christus« (allein Christus), »Sola fide« (allein der Glaube) und »Sola scriptura« (allein die Heilige Schrift).

Soliloquenten (einzeln Redende); Bezeichnung für die in Passionsmusiken und Oratorien auftretenden Einzelpersonen außer dem Evangelisten (»Testo«) und Jesus (»Vox Christi«). Im Weihnachtsoratorium: der verkündigende Engel (»Angelus«) und Herodes.

Testo (Zeuge); Bezeichnung für den Evangelisten in Passionsmusiken und Oratorien.

Turba (Menge); in Passionsmusiken (und Oratorien) die Chorsätze mit der wörtlichen Rede von Gruppen wie der Jünger oder Gegner Jesu. Im Weihnachtsoratorium: Chor der Hirten und der Weisen; der motettische Engelchor »Ehre sei Gott in der Höhe« (II) ist zwar auch ein Bibelwortchor, entspricht aber nicht Bachs Modell des Turbachores.

Vox Christi (Stimme Christi); vor allem in der Passionsmusik der solistische Part des Jesus, traditionell der Bassstimme zugewiesen.

Abkürzungen

A	Alt
B	Bass
B. c.	Basso continuo
BJ	Bach-Jahrbuch
BWV	Bach-Werke-Verzeichnis
Cor.	Corno (da caccia)
Fag.	Fagott
Fl.	Flöte (Flauto traverso)
FS	Festschrift
Hbl.	Holzbläser
NBA	Neue Bach-Ausgabe: Johann Sebastian Bach. Neue Ausgabe sämtlicher Werke
Ob. d'am.	Oboe d'amore
Ob. da c.	Oboe da caccia
Org.	Orgel
S	Sopran
Str.	Streicher
T	Tenor
Timp.	Timpani (Pauken)
Trba.	Tromba (Trompete)
Viol.	Violine
Va.	Viola
Vc.	Violoncello

Ausgaben und Literatur

Neuere Urtext-Ausgaben des Weihnachtsoratoriums (BWV 248) und der drei als Vorlage verwendeten Kantaten (BWV 213, 214, 215)

Neue Bach-Ausgabe [NBA], Serie II, Bd. 6: Weihnachts-Oratorium BWV 248, Partitur, hrsg. von Walter Blankenburg und Alfred Dürr, Kassel und Leipzig: Bärenreiter, 1960. Kritischer Bericht (mit vollständiger Faksimile-Wiedergabe des originalen Textheftes) von Walter Blankenburg und Alfred Dürr, Kassel und Leipzig: ebd., 1962. – Dazu erschien das komplette Aufführungsmaterial.

Stuttgarter Bach-Ausgaben: Weihnachtsoratorium. Oratorium Tempore Nativitatis Christi BWV 248, Partitur mit Kritischem Bericht (S. 293–310), hrsg. von Klaus Hofmann (Herbipol.), Stuttgart: Carus, 2005. – Dazu erschien das komplette Aufführungsmaterial (auch separat nur für die Teile I–III).

Die parodierten weltlichen Vorlagen sind enthalten in der NBA, Serie I, Bd. 36 und 37: Festmusiken für das kurfürstlich-sächsische Haus, hrsg. von Werner Neumann, Kassel und Leipzig: Bärenreiter, 1963 und 1961. Dazu die Kritischen Berichte, ebd. 1962 und 1961. Der erste Band enthält die Kantaten »Laßt uns sorgen, laßt uns wachen« (BWV 213) und »Tönet, ihr Pauken! Erschallet, Trompeten!« (BWV 214), der zweite Band enthält die Kantate »Preise, dein Glücke, gesegnetes Sachsen« (BWV 215).

Faksimile-Ausgabe der autographen Partitur, der Stimmen und des originalen Textdrucks

Johann Sebastian Bach: Weihnachts-Oratorium BWV 248. Bärenreiter Facsimile, hrsg. von Christoph Wolff und Martina Rebmann, Kassel u. a.: Bärenreiter, 2018

Photographische Reproduktion der originalen Stimmen. Microfiche-Edition: Musikhandschriften der Staatsbibliothek zu Berlin, Preußischer Kulturbesitz, Teil 1: Die Bach-Sammlung, München: K. G. Saur, 1998/99

Originaltextdruck. Faksimile im Format des originalen Textheftes von 1734, in: Texthefte zur Kirchenmusik aus Bachs Leipziger Zeit. Die sieben erhaltenen Drucke der Jahre 1724–1749 in faksimilierter Wiedergabe, hrsg. von Martin Petzoldt, Stuttgart: Carus, 2000

Quellen zur Musik, Poetik und Theologie

Musik

Mattheson, Johann: Der vollkommene Capellmeister. Hamburg 1739, Reprint hrsg. von Margarete Reimann, Kassel u. a.: Bärenreiter, 1987. – Studienausgabe im Neusatz des Textes und der Noten, hrsg. von Friederike Ramm, Kassel u. a.: Bärenreiter, 1999

Walther, Johann Gottfried: Musicalisches Lexicon oder Musicalische Bibliothec, Leipzig 1732. – Studienausgabe im Neusatz des Textes und der Noten, hrsg. von Friederike Ramm, Kassel u. a.: Bärenreiter, 2001

Fischer, Albert und Tümpel, Wilhelm: Das deutsche evangelische Kirchenlied des 17. Jahrhunderts, 6 Bde., Gütersloh: C. Bertelsmann, 1904

Poetik

Henrici, Christian Friedrich: Picanders Ernst-Scherzhaffte und Satyrische Gedichte. Vierter und letzter Theil, Leipzig 1737

Hunold, Christian Friedrich (gen. Menantes): Die Allerneueste Art, zur reinen und galanten Poesie zu gelangen, Hamburg 1707

Theologie

Luther-Bibel. D. Martin Luther. Die gantze Heilige Schrift Deudsch, Wittenberg 1545, zit. nach der Ausgabe Herrsching: Pawlak, o. J.

Martin Luthers Evangelien-Auslegung, hrsg. von Erwin Mülhaupt, Bd. I: Die Weihnachts- und Vorgeschichten bei Matthäus und Lukas, Göttingen: Vandenhoeck & Ruprecht, [3]1957

Calov-Bibel, zit. nach der Faksimile-Ausgabe: J. S. Bach and Scripture. Glosses from the Calov Bible Commentary. Introduction, Annotations, and Editing by Robin A. Leaver, St. Louis: Concordia Publishing House, 1985

Hutter, Leonhard: Compendium Locorum theologicorum, Zweisprachige Ausgabe lat.-deutsch, Braunschweig 1661

Hilfsmittel der Bach-Forschung

Bach digital. Internet-Datenbankportal <www.bachdigital.de> mit Digitalisaten von Autographen Johann Sebastian Bachs und anderer Komponisten der Bachfamilie als Gemeinschaftsprojekt der Staatsbibliothek zu Berlin – Preußischer Kulturbesitz, der Sächsischen Landes- und Universitätsbibliothek Dresden und des Bach Archiv Leipzig. Hier sind auch Partitur und Stimmen des Weihnachtsoratoriums einsehbar.

Bach-Dokumente I–III, IV: Werner Neumann und Hans-Joachim Schulze (Hrsg.): Schriftstücke von der Hand Johann Sebastian Bachs, Kassel u.a.: Bärenreiter, 1963 (Bd. I). Dies.: Fremdschriftliche und gedruckte Dokumente zur Lebensgeschichte Johann Sebastian Bachs, Kassel u.a.: Bärenreiter, 1969 (Bd. II). Hans-Joachim Schulze (Hrsg.): Dokumente zum Nachwirken Johann Sebastian Bachs 1750 bis 1800, Kassel u.a.: Bärenreiter, 1984 (Bd. III). Andreas Glöckner, Anselm Hartinger und Karen Lehmann (Hrsg.): Ausgewählte Dokumente zur Rezeptionsgeschichte Johann Sebastian Bachs 1800–1850, Kassel u.a.: Bärenreiter, 2007 (Bd. VI)

Bartel, Dietrich: Handbuch der musikalischen Figurenlehre. Laaber: Laaber, [4]2006

Dürr, Alfred: Johann Sebastian Bach. Die Kantaten, Kassel u.a.: Bärenreiter, [8]2000

Emans, Reinmar und Hiemke, Sven (Hrsg.): Bachs Passionen, Oratorien und Motetten. Das Handbuch, Laaber: Laaber, 2009 (Das Bach Handbuch, Bd. 3)

Haselböck, Lucia: Bach-Textlexikon. Ein Wörterbuch der religiösen Sprachbilder im Vokalwerk von Johann Sebastian Bach, Kassel u.a.: Bärenreiter, 2004

Heinemann, Michael (Hrsg.): Das Bach-Lexikon (Bach-Handbuch Bd. 6), Laaber: Laaber, 2000

Küster, Konrad (Hrsg.): Bach Handbuch, Kassel u.a. und Stuttgart/ Weimar: Bärenreiter und Metzler, 1999

Meyer, Ulrich: Biblical Quotation and Allusion in the Cantata Libretti of Johann Sebastian Bach (Studies in Liturgical Musicology, Nr. 5), Lanham/MD und London: Scarecrow Press, 1997

Neumann, Werner (Hrsg.): Sämtliche von Johann Sebastian Bach vertonten Texte, Leipzig: VEB Deutscher Verlag für Musik, 1974 (Faksimile des originalen Textheftes zum Weihnachtsoratorium [1734] auf den Seiten 448–455)

Petzoldt, Martin: Johann Sebastian Bach. Ehre sei dir Gott gesungen. Bilder und Texte zu Bachs Leben als Christ und seinem Wirken für die Kirche, Göttingen: Vandenhoeck & Ruprecht, 1988

Petzoldt, Martin: Bach-Kommentar. Theologisch-musikwissenschaftliche Kommentierung der geistlichen Vokalwerke Johann Sebastian Bachs, Stuttgart und Kassel u. a.: Internationale Bachakademie Stuttgart und Bärenreiter-Verlag (Schriftenreihe der Internationalen Bachakademie Stuttgart, hrsg. von Norbert Bolín, Bd. 14,1 und 14,2). Bd. I: Die geistlichen Kantaten des 1. bis 27. Trinitatis-Sonntages, 2004. Bd. II: Die geistlichen Kantaten vom 1. Advent bis zum Trinitatisfest, 2007

Prinz, Ulrich: Johann Sebastian Bachs Instrumentarium. Originalquellen, Besetzung, Verwendung, Stuttgart und Kassel u. a.: Internationale Bachakademie Stuttgart und Bärenreiter-Verlag, 2005 (Schriftenreihe der Internationalen Bachakademie Stuttgart, hrsg. von Ulrich Prinz, Bd. 10)

Schmieder, Wolfgang (Hrsg.): Thematisch-systematisches Verzeichnis der Werke von Johann Sebastian Bach. Bach-Werke-Verzeichnis (BWV), 2., überarbeitete und erweiterte Ausgabe, Wiesbaden: Breitkopf & Härtel, 1990

Schulze, Hans-Joachim und Wolff, Christoph: Bach Compendium. Analytisch-bibliographisches Repertorium der Werke Johann Sebastian Bachs [BC], Bd. 1, Teil 3: Vokalwerke III, Leipzig: Edition Peters, 1988

Wolff, Christoph (Hrsg.): Die Welt der Bach-Kantaten, Bd. II: Johann Sebastian Bachs weltliche Kantaten, Stuttgart/Weimar und Kassel u. a.: Metzler und Bärenreiter, 1997

Biographien zu Johann Sebastian Bach

Forkel, Johann Nicolaus: Über Johann Sebastian Bach's Leben, Kunst und Kunstwerke. Leipzig 1802, Reprint Kassel u. a.: Bärenreiter, 1999

Spitta, Philipp: Johann Sebastian Bach, 2 Bde., Leipzig 1873 und 1880

Schweitzer, Albert: J. S. Bach (1908). Vorrede von Charles Marie Widor, Wiesbaden: Breitkopf & Härtel, 1976

Wolff, Christoph: Johann Sebastian Bach, Frankfurt a. M.: S. Fischer, 2000. – Aktualisierte TB-Ausgabe 2005

Geck, Martin: Bach. Leben und Werk, Reinbek bei Hamburg: Rowohlt, 2000. – TB-Ausgabe 2001

Zu Bachs Weihnachtsoratorium

Bertling, Rebekka: Das Arioso und das ariose Accompagnato im Vokalwerk Johann Sebastian Bachs, Diss. Kiel 1990, Frankfurt a. M.: Peter Lang, 1992

Blankenburg, Walter: Das Weihnachts-Oratorium von Johann Sebastian Bach, Kassel u. a.: Bärenreiter, 1982, [4]1999

Blankenburg, Walter: Das Parodieverfahren im Weihnachtsoratorium Johann Sebastian Bachs, in: ders. (Hrsg.): Johann Sebastian Bach, Darmstadt: Wissenschaftliche Buchgesellschaft, 1970 (Wege der Forschung, Bd. 170), S. 493–506

Blankenburg, Walter: »Wohl euch, die ihr dies Licht gesehen«. Überlegungen zur Gegenwartsbedeutung des Weihnachtsoratoriums, in: Böhme, Wolfgang (Hrsg.): Johann Sebastian Bach. Prediger in Tönen, Karlsruhe: Verlag der Evangelischen Akademie Bad Herrenalb, 1985 (Herrenalber Texte 64), S. 72–86

Blankenburg, Walter: Die Bedeutung der solistischen Alt-Partien im Weihnachtsoratorium BWV 248, in: ders.: Kirche und Musik. Gesammelte Aufsätze zur Geschichte der gottesdienstlichen Musik, hrsg. von Erich Hübner und Renate Steiger, Göttingen: Vandenhoeck & Ruprecht, 1979, S. 220–239

Bossuyt, Ignace: Johann Sebastian Bach. Christmas Oratorio (BWV 248), Leuven: Leuven University Press, 2004

Boyd, Malcolm: Bach, Telemann und das Fanfarenthema, in: BJ 82 (1996), S. 147–150

Braun, Werner: Bachs Echo-Arie, in: Steiger, Renate (Hrsg.): Die Quellen Johann Sebastian Bachs. Bachs Musik im Gottesdienst, Heidelberg: Manutius Verlag, 1998, S. 119–131

Braun, Werner: Art. »Echo«, in: Die Musik in Geschichte und Gegenwart. Sachteil, Bd. 2, Sp. 1623–1637

Dürr, Alfred: Johann Sebastian Bach. Weihnachts-Oratorium BWV 248. München: Fink Verlag, 1967 (Meisterwerke der Musik, Heft 8)

Finscher, Ludwig: Zum Parodieproblem bei Bach, in: Geck, Martin (Hrsg.): Bach-Interpretationen, Göttingen: Vandenhoeck & Ruprecht, 1969, S. 94–105

Glöckner, Andreas: Eine Michaeliskantate als Parodievorlage für den sechsten Teil des Bachschen Weihnachts-Oratoriums?, in: BJ (2000), S. 316–326

Glöckner, Andreas (Hrsg.): Ausgewählte Dokumente zum Nachwirken Johann Sebastian Bachs. 1801–1850, Kassel u. a.: Bärenreiter, 2007 (Bach-Dokumente, Bd. VI)

Hofmann, Klaus: »Großer Herr, o starker König«. Ein Fanfarenthema bei Johann Sebastian Bach, in: BJ 81 (1995), S. 31–46

Hofmann, Klaus: Nochmals: Bachs Fanfarenthema, in: BJ 83 (1997), S. 176–179

Jena, Günter: Brich an, o schönes Morgenlicht. Das Weihnachtsoratorium von Johann Sebastian Bach. Erfahrungen und Gedanken eines Dirigenten, Eschbach/Markgräflerland: Verlag am Eschbach, 1997. – TB-Ausgabe: Freiburg i. Br.: Herder Spektrum, 1999

Jung, Hermann: Die Pastorale. Studien zur Geschichte eines musikalischen Topos, Bern: Francke, 1980

Koch, Ernst: Tröstendes Echo. Zur theologischen Deutung der Echo-Arie im IV. Teil des Weihnachtsoratoriums von J. S. Bach, in: BJ 75 (1989), S. 203–211

Loos, Helmut: Weihnachten in der Musik. Grundzüge der Geschichte weihnachtlicher Musik, Bonn: Gudrun Schröder, 1991

Plate, Margarete (Hrsg): Jauchzet, frohlocket! Andachten zu Texten des Weihnachtsoratoriums von Johann Sebastian Bach für die Tage von Heiligabend bis Epiphanie. Mit Illustrationen von Anna de Riese, Hamburg: Agentur des Rauhen Hauses, 2000

Rathey, Markus: Johann Sebastian Bach's Christmas Oratorio. Music – Theology – Culture, New York: Oxford University Press, 2016

Schulze, Hans-Joachim: Bachs Parodieverfahren, in: Christoph Wolff (Hrsg.): Die Welt der Bach-Kantaten, Bd. II: Johann Sebastian Bachs weltliche Kantaten, Stuttgart/Weimar und Kassel u. a.: Metzler und Bärenreiter, 1997, S. 167–187

Siegele, Ulrich: Das Parodieverfahren des Weihnachtsoratoriums von J. S. Bach als dispositionelles Problem, in: Annegrit Laubenthal (Hrsg.): Studien zur Musikgeschichte. FS Ludwig Finscher, Kassel u. a.: Bärenreiter, 1995, S. 257–266

Steiger, Renate (Hrsg.): Parodie und Vorlage. Zum Bachschen Parodie-verfahren und seiner Bedeutung für die Hermeneutik, Heidelberg 1988 (Bulletin 2 der Internationalen Arbeitsgemeinschaft für theologische Bachforschung)

Steiger, Renate: Gnadengegenwart. J. S. Bach im Kontext lutherischer Orthodoxie und Frömmigkeit, Stuttgart-Bad Cannstatt: Frommann-Holzboog, 2002

Steiger, Renate: »Die Welt ist euch ein Himmelreich«. Zu J. S. Bachs Deutung des Pastoralen, in: Musik und Kirche 41 (1971), S. 1–8 und 69–79

Walter, Meinrad: Musik-Sprache des Glaubens. Zum geistlichen Vokal-werk Johann Sebastian Bachs, Frankfurt a. M.: Knecht, 1994

Walter, Meinrad: »Erschallet, ihr Lieder, erklinget, ihr Saiten!« Johann Sebastian Bachs musikalisch-lutherische Bibelauslegung im Kirchen-jahr, Stuttgart: Verlag Katholisches Bibelwerk, 2014

Walter, Meinrad (Interview mit Reinhard Mawick): Immer in zwei Richtungen. Der Theologe und Kirchenmusiker Meinrad Walter über das Weihnachtsoratorium, und warum J. S. Bach die Einheit des Werkes wichtig war, in: Zeitzeichen. Evangelische Kommentare zu Religion und Gesellschaft 16 (2015), S. 38–41

Wolff, Christoph: Johann Sebastian Bachs Oratorien-Trilogie und die große Kirchenmusik der 1730er Jahre, in: BJ 97 (2011), S. 11–25

Erläuterungen auf CD und im Rundfunk

Rilling, Helmuth: Johann Sebastian Bach. Weihnachtsoratorium. Die Gesprächskonzerte zu den Teilen I–III, Gächinger Kantorei, Bach-Collegium Stuttgart, Hänssler Classic (Box mit 4 CDs), erschienen 1984

Rilling, Helmuth: Sechs Gesprächskonzerte zum Weihnachtsoratorium, Südwestrundfunk Stuttgart, gesendet 1999/2000

Abbildungsnachweis

S. 19: © Original Bach-Archiv Leipzig

S. 45, 73, 99, 119, 143, 165: Musikabteilung mit Mendelssohn-Archiv, Staatsbibliothek zu Berlin – Preußischer Kulturbesitz/bpk